みらい × 子どもの福祉
ブックス

子ども家庭福祉

［第2版］

喜多　一憲・監修
堀場　純矢・編集

みらい

監修

喜多 一憲　元愛知県長久手市社会福祉協議会

編集

堀場 純矢　日本福祉大学

執筆者一覧（五十音順）

浅沼 裕治	札幌学院大学	コラム③
天池 洋介	日本福祉大学	コラム④
荒井 和樹	中京学院大学短期大学部	コラム⑩
有尾 正子	愛知文教女子短期大学	コラム⑧
伊藤 龍仁	愛知東邦大学	Ch.7
岩田 正人	名古屋文化キンダーホルト	コラム①
大谷 誠英	九州女子大学	Ch.11
金本 秀韓	とりで	コラム⑪
小塚 光夫	元八波寮	コラム②
佐々木将芳	静岡県立大学短期大学部	Ch.5 － 2
田中 嵩久	社会福祉士	コラム⑦
谷村 和秀	愛知学泉短期大学	Ch.10
中島健一朗	相模女子大学	Ch.3
中村 明成	金城大学短期大学部	Ch.9
藤林 清仁	同朋大学	コラム⑨
松岡 宏明	大阪総合保育大学	コラム⑤
松木 宏史	大阪国際大学短期大学部	Ch.5 － 1
武藤 敦士	東北学院大学	Ch.6
山﨑ちひろ	岐阜聖徳学園大学	コラム⑥
吉田祐一郎	四天王寺大学	Ch.2
吉野 真弓	育英短期大学	Ch.1
吉村美由紀	名古屋芸術大学	Ch.8
吉村 譲	岡崎女子大学	Ch.4

はじめに

児童福祉法成立から今年で72年。これまでの児童保護中心の政策からすべての子どもの福祉を掲げて政策展開がされてきました。

戦後の混乱期を経て高度経済成長期へ、その後世界でも稀な速さで突入する少子高齢化社会への対応、子ども虐待問題の多発、保育所待機児童の増加、子どもの貧困問題の拡大等々、その時代の社会・政治・経済状況の変遷に応じて児童福祉法も大小幾多の改正がなされてきました。直近の2016（平成28）年の改正では第１条の理念に、初めて子どもの権利条約の「精神にのっとり」との文言を加えた、画期的な内容となっています。

またその間、それまでケアワークを担っていた「保母」の名称を国家資格の「保育士」として、さらに保育士試験科目も「児童福祉」から「児童家庭福祉」となり、保育士にはケアワークだけではなくソーシャルワークも担い、子どもの発達保障や子どもと家族の権利擁護をも視野に入れたさらなる専門的支援が期待されてきています。

さて本書は、このような時代の要請に応えて、子どもの未来への懸け橋となることを願いとした「みらい×子どもの福祉ブックス」シリーズのなかの「子ども家庭福祉」です。このシリーズでは、読者が能動的・主体的に学ぶことができるよう、各Chapterに「インプット・アウトプットノート」「３分Thinking」「イラストでのイメージづくり」を設けるなど、さまざまな工夫をしました。

また執筆者には、子ども家庭福祉分野の現場職員や現場経験のある研究者に多数ご協力いただきましたので、内容もとても充実したわかりやすいテキストになっています。本書を子ども家庭福祉の関係分野に進みたい方の学びの書としていただけたら幸いです。

最後に、本書を刊行するにあたって、ご多用のなか精力的にご執筆いただいた諸先生方、また出版社の㈱みらいの方々に心より御礼申し上げます。

令和６年２月

監修　喜多　一憲
編集　堀場　純矢

本書の使い方

本書は、大学・短期大学・専門学校等において初めて「子ども家庭福祉」を学ぶ方へ向けたテキストです。

「子ども家庭福祉」で扱う内容は幅広く、また馴染みのない制度や用語も多く登場してきます。本書では、それらの内容を①効率よく、②わかりやすく、③興味を持って学べるよう、以下の点に工夫を凝らしています。

Point 1　インプットノートでイメージをつかもう

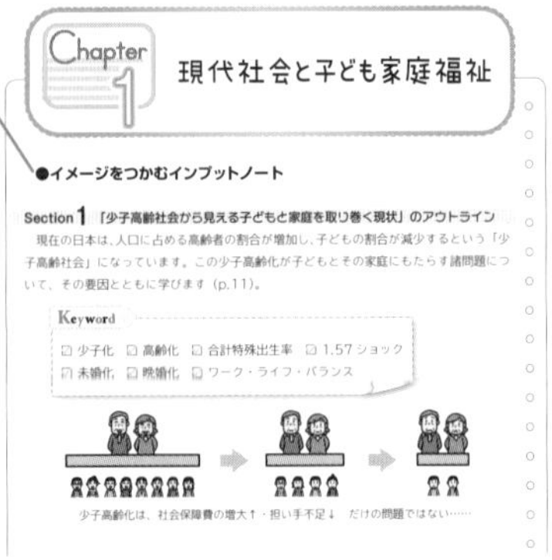

各Chapterの冒頭には、Sectionごとに「文章」「Keyword」「イラスト」の３点セットで学びの概要（アウトライン）を示しています。学習をスタートさせる前にインプットノートでイメージをつかむようにしましょう。

Sectionでの学びにおいて重要な項目を「Keyword」としてまとめています。学習し理解できた項目にはチェックマークをつけるようにしましょう。

Point 2　3分 Thinkingで主体的な学びにつなげよう

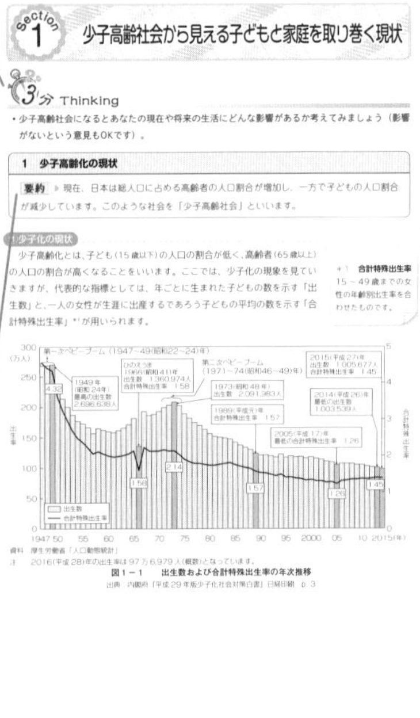

「子ども家庭福祉」は制度論が中心であるため、授業では教員側からの解説の時間が多くなることがあります。そこで、本書ではみなさんの主体的な学びを促すために各Sectionの冒頭に学びの内容に関連したワークを掲載しています。どのワークも３分程度で考えられる設問になっていますので、積極的に取り組み主体的な学びにつなげていきましょう。

ワークは個人だけでなく、グループやクラス全体で取り組んでも良いでしょう。ワークを通じてほかの学生・教員との相互のやり取りを深めるようにしましょう。

Point 3　要約部分を予習・復習に活用しよう

各項タイトルの下には、その項で学ぶ本文の内容を簡単かつわかりやすくまとめた「要約」を設けています。この要約部分は「予習」「復習」の際に活用しましょう。

Point 4　アウトプットノートで学びを振り返ろう

各 Chapter の最後には、学びの振り返りを行うためのアウトプットノートを設けています。ここでは、各 Chapter で「学んだこと」「感じたこと」「理解できなかったこと」「疑問に思ったこと」などを整理し、自由に記述しましょう（テーマを変更しても構いません）。

また、「TRY してみよう」では、各 Chapter に沿った穴埋め問題を設けていますので、理解度チェックのために挑戦してみましょう。

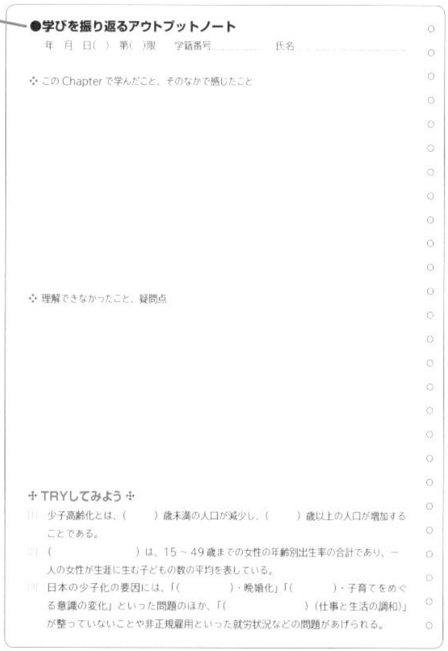

●学びを振り返るアウトプットノート

年　月　日(　)　第(　)限　学籍番号　　　　氏名

✣ この Chapter で学んだこと、そのなかで感じたこと

✣ 理解できなかったこと、疑問点

✣ TRYしてみよう ✣

(1) 少子高齢化とは、(　　　) 歳未満の人口が減少し、(　　　) 歳以上の人口が増加することである。

(2) (　　　　　　　) は、15 ～ 49 歳までの女性の年齢別出生率の合計であり、一人の女性が生涯に生む子どもの数の平均を表している。

(3) 日本の少子化の要因には、「(　　　　　)・晩婚化」「(　　　　)・子育てをめぐる意識の変化」といった問題のほか、「(　　　　　　　) (仕事と生活の調和)」が整っていないことや非正規雇用といった就労状況などの問題があげられる。

Point 5　コラムを通して未来につなげよう

アウトプットノートの後には、子ども家庭福祉に関する知識のみならず、子どもに関するさまざまな内容のコラムを設けています。

将来、保育士として働くことを目指すみなさんには、子どもに関する広い知識が求められます。コラムでの学びを通じて、みなさんの未来につなげましょう。

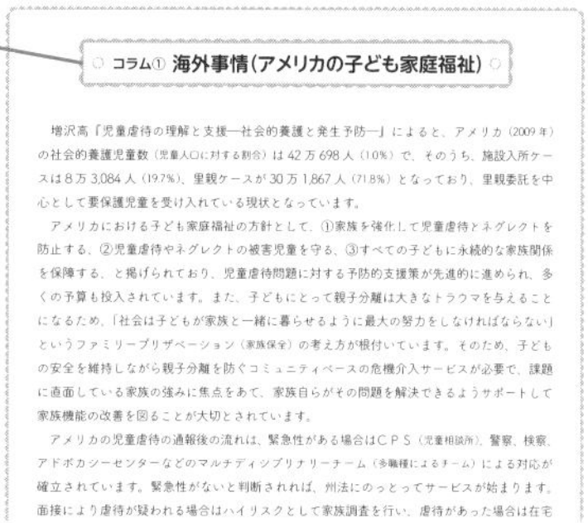

コラム① 海外事情（アメリカの子ども家庭福祉）

増沢高『児童虐待の理解と支援―社会的養護と発生予防―』によると、アメリカ（2009 年）の社会的養護児童数（児童人口に対する割合）は 42 万 698 人（1.0%）で、そのうち、施設入所ケースは 8 万 3,084 人（19.7%）、里親ケースが 30 万 1,867 人（71.8%）となっており、里親委託を中心として要保護児童を受け入れている現状となっています。

アメリカにおける子ども家庭福祉の方針として、①家族を強化して児童虐待とネグレクトを防止する、②児童虐待やネグレクトの被害児童を守る、③すべての子どもに永続的な家族関係を保障する、と掲げられており、児童虐待問題に対する予防的支援策が先進的に進められ、多くの予算も投入されています。また、子どもにとって親子分離は大きなトラウマを与えることになるため、「社会は子どもが家族と一緒に暮らせるように最大の努力をしなければならない」というファミリープリザベーション（家族保全）の考え方が根付いています。そのため、子どもの安全を維持しながら親子分離を防ぐコミュニティベースの危機介入サービスが必要で、課題に直面している家族の強みに焦点をあて、家族自らがその問題を解決できるようサポートして家族機能の改善を図ることが大切とされています。

アメリカの児童虐待の通報後の流れは、緊急性がある場合はＣＰＳ（児童相談所）、警察、検察、アドボカシーセンターなどのマルチディシプリナリーチーム（多職種によるチーム）による対応が確立されています。緊急性がないと判断されれば、州法にのっとってサービスが始まります。面接により虐待が疑われる場合はハイリスクとして家族調査を行い、虐待があった場合は在宅

Point 6　メモ欄を活用して、学びを深めよう

各ページの右または左に、気付いたことなどが書き込めるよう、メモ欄を設けています。授業や自学自習での学びを進めていくなかで、疑問に思ったこと、気付いたことなどをメモし、学びを深められるようにしましょう。

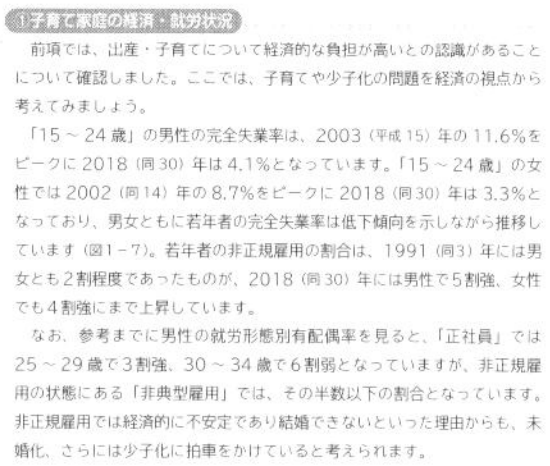

①子育て家庭の経済・就労状況

前項では、出産・子育てについて経済的な負担が高いとの認識があることについて確認しました。ここでは、子育てや少子化の問題を経済の視点から考えてみましょう。

「15 ～ 24 歳」の男性の完全失業率は、2003（平成 15）年の 11.6%をピークに 2018（同 30）年は 4.1%となっています。「15 ～ 24 歳」の女性では 2002（同 14）年の 8.7%をピークに 2018（同 30）年は 3.3%となっており、男女ともに若年者の完全失業率は低下傾向を示しながら推移しています（図1－7）。若年者の非正規雇用の割合は、1991（同3）年には男女とも2割程度であったものが、2018（同 30）年には男性で5割強、女性でも4割強にまで上昇しています。

なお、参考までに男性の就労形態別有配偶率を見ると、「正社員」では 25 ～ 29 歳で3割強、30 ～ 34 歳で6割弱となっていますが、非正規雇用の状態にある「非典型雇用」では、その半数以下の割合となっています。非正規雇用では経済的に不安定であり結婚できないといった理由からも、未婚化、さらには少子化に拍車をかけていると考えられます。

もくじ

Chapter 1 現代社会と子ども家庭福祉

●イメージをつかむインプットノート

Section 1 「少子高齢社会から見える子どもと家庭を取り巻く現状」のアウトライン

現在の日本は、人口に占める高齢者の割合が増加し、子どもの割合が減少するという「少子高齢社会」になっています。この少子高齢化が子どもとその家庭にもたらす諸問題について、その要因とともに学びます（p.11）。

Keyword

- ☑ 少子化　☑ 高齢化　☑ 合計特殊出生率　☑ 1.57 ショック
- ☑ 未婚化　☑ 晩婚化　☑ ワーク・ライフ・バランス

少子高齢化は、社会保障費の増大↑・担い手不足↓　だけの問題ではない……

Section 2 「子どもと家庭を取り巻く環境の変化と生活問題」のアウトライン

高度経済成長期以降の子どもと子育て家庭、地域社会を取り巻く環境の変化について学び、今後の子育て家庭に対する子育て支援や保育者のあり方についての気付きを得ます（p.23）。

Keyword

- ☑ 高度経済成長
- ☑ 都市化
- ☑ 子育て支援
- ☑ 子どもの遊び場
- ☑ 地域社会

Section 1　少子高齢社会から見える子どもと家庭を取り巻く現状

3分 Thinking

• 少子高齢社会になるとあなたの現在や将来の生活にどんな影響があるか考えてみましょう（影響がないという意見もOKです）。

1　少子高齢化の現状

要約 ▶ 現在、日本は総人口に占める高齢者の人口割合が増加し、一方で子どもの人口割合が減少しています。このような社会を「少子高齢社会」といいます。

①少子化の現状

少子高齢化とは、子どもの出生数が減り、全人口に対する子どもの人口割合が低く、高齢者（65歳以上）の人口の割合が高くなることをいいます。ここでは、少子化の現象を見ていきますが、代表的な指標としては、年ごとに生まれた子どもの数を示す「出生数」と、一人の女性が生涯に出産するであろう子どもの平均の数を示す「合計特殊出生率」*[1]が用いられます。

＊1　**合計特殊出生率**　15～49歳までの女性の年齢別出生率を合わせたものです。

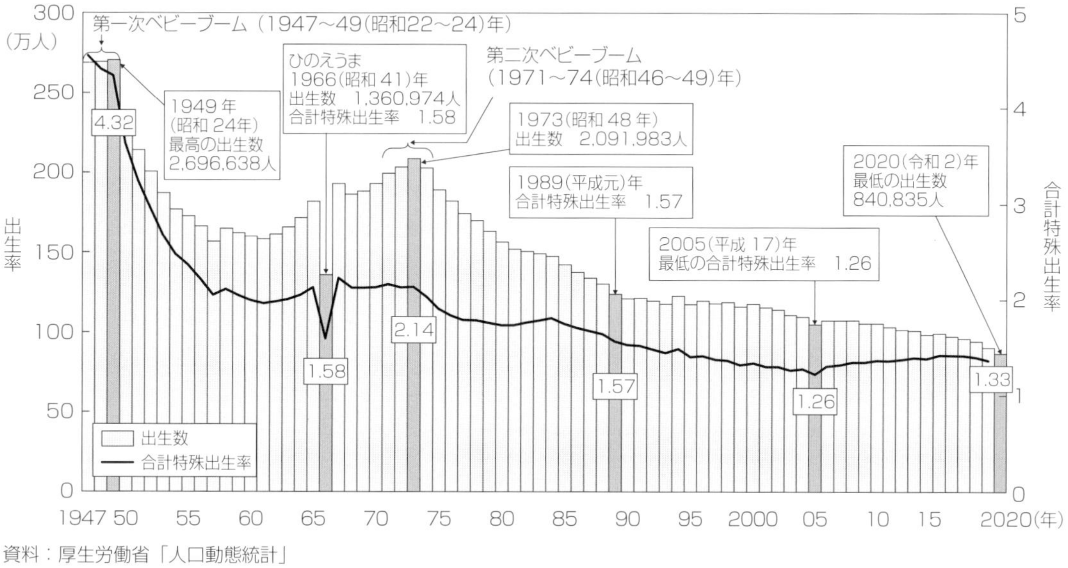

資料：厚生労働省「人口動態統計」

図1－1　　出生数および合計特殊出生率の年次推移

出典：内閣府『令和4年版少子化社会対策白書』日経印刷　p. 5

図１－１のうち、出生数の推移を見ると、第一次ベビーブーム＊2期の1949（昭和24）年の269万6,638人を最大にして、その後減少したのち、第二次ベビーブーム期の1973（同48）年には209万1,983人と増加しましたが、1970年代半ばから現在まで日本の人口は減少傾向を続けています。合計特殊出生率は4.00を超えていた第一次ベビーブーム期をピークに年々低下傾向にあります。丙午（ひのえうま）＊3にあたる1966（同41）年は1.58となりましたが、それでも第二次ベビーブーム期のころまでは2.00を上回る状況にありました。

しかし、出生数の減少と同様に1970年代半ばからも低下傾向が続き、1989（平成元）年には丙午の年を初めて下回る1.57を記録しました。これは、いわゆる「1.57ショック」といわれ、少子化の問題が人々に広く知られるきっかけとなりました。2015（同27）現在の出生数は年100万5,677人となり、５年ぶりに前年の値を上回りましたが、減少傾向にある状況には変わりありません。また、合計特殊出生率は2005（同17）年に過去最低の1.26を記録したのち、緩やかに回復していき2017（同29）年は1.43となりましたが、2021（令和３）年には1.30とまた低下傾向にあります。日本の人口置換水準＊4は2.07程度と推計されており、今後も人口減少が予測されます。

②高齢化の現状

国際連合では、「総人口に占める65歳以上の人口が占める割合」を高齢化率と定めています。一般的には、高齢化率が７％を超える社会を「高齢化社会」、14％を超える社会を「高齢社会」、21％を超える社会を「超高齢化社会」と呼んでいます。総務省の調べによると、2018（平成30）年10月１日現在の日本の人口のうち65歳以上の高齢者は3,500万人を超え、高齢化率28.1％の超高齢社会になっています。なお、2065（令和47）年は高齢化率が38.4％と推計されています（図１－２）。

高齢化の進行は、介護が必要な高齢者の増加にもつながっていきます。また高齢化率の上昇は、少子化に影響されるものでもあるため、両方の視点から少子高齢化の現状を捉えていく必要があります。

③少子化・高齢化の社会的影響

このまま合計特殊出生率の値が人口置換水準よりも低い状況が続くと、日本の人口は減少を続けていくことになります。また、少子高齢化の進行は子どもの数が減ることのみならず、将来的な働く年代の人たちの減少、つまり、労働力の確保が難しくなり、生産性が低下することにつながります。日本の

＊２　**ベビーブーム**
特定の地域で一時的に新生児誕生率（出生率）が急上昇する現象をいいます。戦後間もない1947（昭和22）～1949（同24）年生まれの世代を第一次ベビーブーム世代といい、年間出生数は約270万人に及びました。堺屋太一の小説に由来し、「団塊の世代」とも呼ばれます。
第一次ベビーブーム世代の子どもにあたる、1971（昭和46）～1974（同49）年生まれの世代を第二次ベビーブーム世代といい、年間出生数は約210万人となりました。

＊３　**丙午**
干支の組み合わせの一つ（午年）になります。「この年に生まれた女性は気性が荒い、夫が早くに亡くなる」などの迷信があったことから、この年の出生数が極端に少なくなる現象が起こりました。

＊４　**人口置換水準**
人口が長くにわたって安定的に維持される基準（増加も減少もしない出生水準）を示したものです。

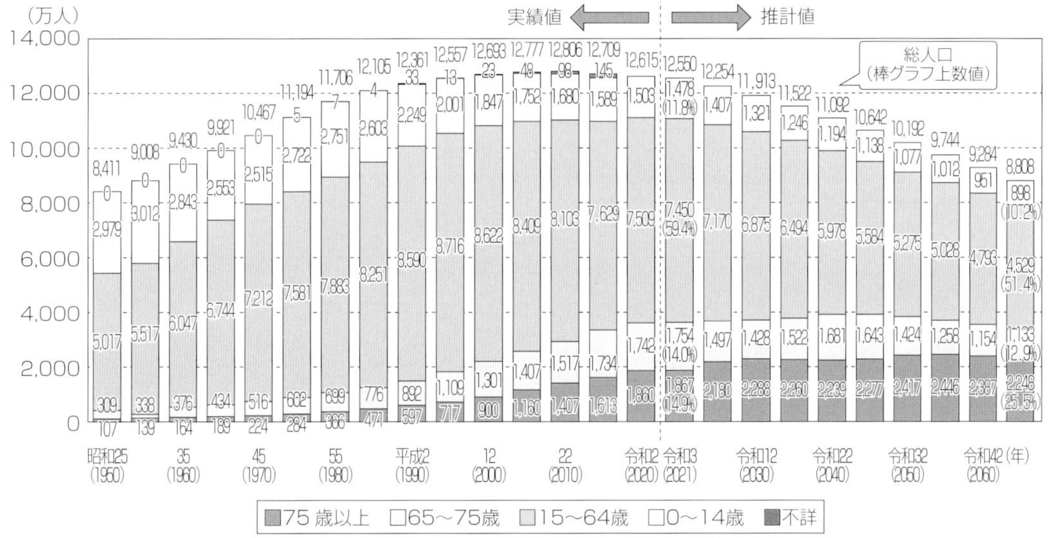

資料：2020年までは総務省「国勢調査」（2015年及び2020年は不詳補完値による）、2021年は総務省「人口推計」（令和2年10月1日現在確定値）、2025年以降は国立社会保障・人口問題研究所「日本の将来推計人口（平成29年推計）」の出生中位・死亡中位仮定による推計結果。

注1：2015年及び2020年の年齢階級別人口は不詳補完値によるため、年齢不詳は存在しない。2021年の年齢階級別人口は、総務省統計局「令和2年国勢調査」（不詳補完値）の人口に基づいて算出されていることから、年齢不詳は存在しない。2025年以降の年齢階級別人口は総務省統計局「平成27年国勢調査　年齢・国籍不詳をあん分した人口（参考表）」による年齢不詳をあん分した人口に基づいて算出されていることから、年齢不詳は存在しない。なお、1950～2010年の年少人口割合の算出には分母から年齢不詳を除いている。ただし、1950年及び1955年において割合を算出する際には、下記の注釈における沖縄県の一部の人口を不詳には含めないものとする。

注2：沖縄県の1950年70歳以上の外国人136人（男55人、女81人）及び1955年70歳以上23,328人（男8,090人、女15,238人）は65～74歳、75歳以上の人口から除き、不詳に含めている。

注3：百分率は、小数点第2位を四捨五入して、小数点第1位までを表示した。このため、内訳の合計が100.0%にならない場合がある。

図1－2　わが国の総人口および人口構造の推移と見通し

出典：図1－1と同じ　p. 8

社会福祉や社会保障の仕組みは保険料や税金から成り立っているため、このまま、子どもの数および働く年代の人の減少と、高齢者が増え続けるという少子高齢化が進むと社会保障の維持が難しくなることが懸念されています。少ない人数の働ける者が、多くの高齢者を支えていかなくてはならいない社会になるということです。地域によっては将来人口が減少することによって住民サービスの提供が受けられないといった事態が出てくる可能性が危惧されています。

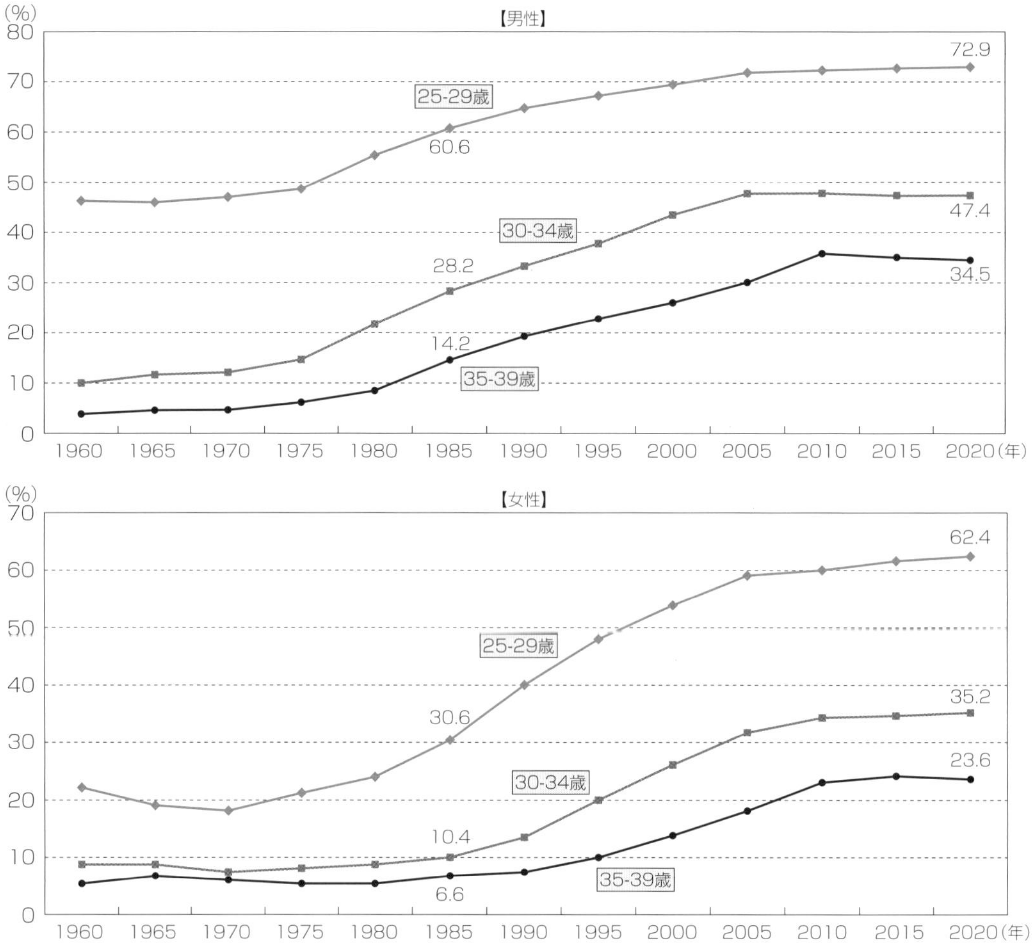

資料：総務省「国勢調査」

注　：1960 ～ 1970 年は沖縄県を含まない。

図１－３　年齢（５歳階級）別未婚率の推移

出典：図１－１と同じ　p.11

2　少子化の要因

要約 少子化の要因には、「未婚化・晩婚化」「出産・子育てをめぐる意識等の変化」、非正規雇用や子育てとの両立といった「就労状況」などがあげられます。

①未婚化

では、なぜ日本は少子化になったのか、その要因について見ていきましょう。さまざまな理由が考えられますが、一つは結婚しない人が増えていること（未婚化）が要因としてあげられます。

結婚していない人の割合を未婚率といいます。図１－３を見ると、男性

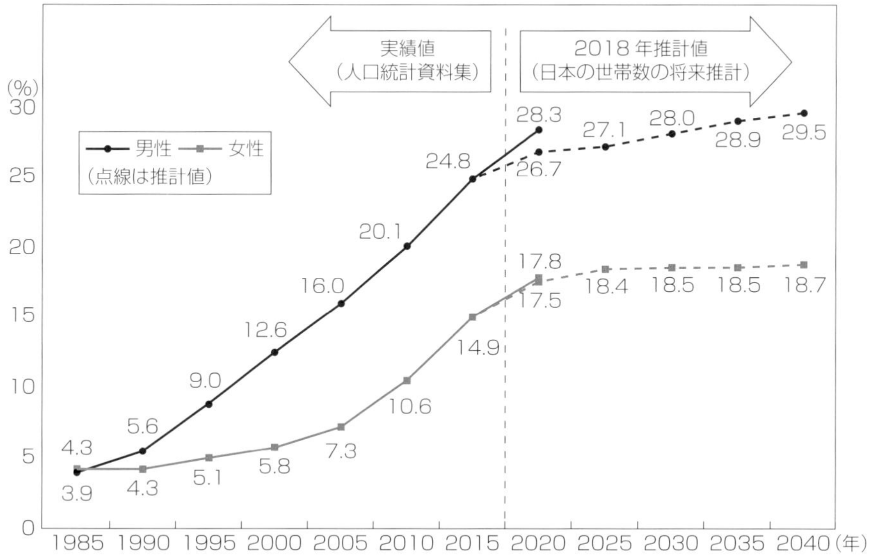

資料：国立社会保障･人口問題研究所『人口統計資料集』､『日本の世帯数の将来推計（全国推計）』（2018（平成30）年推計）
注　：50歳時の未婚割合は、50歳時点で一度も結婚をしたことのない人の割合であり、45歳～49歳の未婚率と50歳～54歳の未婚率の平均。2020年までの実績値は「人口統計資料集」（2015年及び2020年は､配偶関係不詳補完値）､2020年以降の推計値は『日本の世帯数の将来推計（全国推計）』（2018（平成30）年推計）による。

図1－4　50歳時の未婚割合の推移と将来推計

出典：厚生労働省「令和５年版　厚生労働白書」 p.149

の年齢別未婚率は30年前の1985（昭和60）年では「35～39歳」で14.2%だった値が、2020（令和2）年には34.5%と上昇しています。ほかの年齢区分においても同様であり、男性の未婚率が上昇していることがわかります。一方､女性の方を見てみると､1985(昭和60)年の｢35～39歳｣の未婚率は6.6%でしたが、2020（令和2）年には23.6%と急激に上昇しています。ほかの年齢区分においても同様であり、特に「25～29歳」の未婚率が急激に上昇しているのがわかります。

また、生涯未婚の人の割合も増加しています。図1－4は、50歳時点での未婚割合*5の年次推移を示したもので、1985（昭和60）年では男性は3.9%、女性は4.3%でしたが、2020（令和2）年には男性は28.3%、女性は7.8%となり、男女ともに値が高くなっています。

このように日本の社会は未婚化が進んでいるといえます。日本では、非嫡出子*6が少ないという特徴があるため、非婚化、あるいは未婚化は少子化の進行に影響しているといえます。

＊5
｢45～49歳｣と｢50～54歳｣の未婚率(結婚したことがない人の割合)の平均値から、｢50歳時｣の未婚率を算出したものです。

＊6　**非嫡出子**
法律上の婚姻関係のない男女間から生まれた子どものことを指します。一方、婚姻関係に基づく男女間から生まれる子どものことを「嫡出子」といいます。

②晩婚化・晩産化

ほかの少子化の要因としては、女性の平均初婚年齢と平均出生時年齢があ

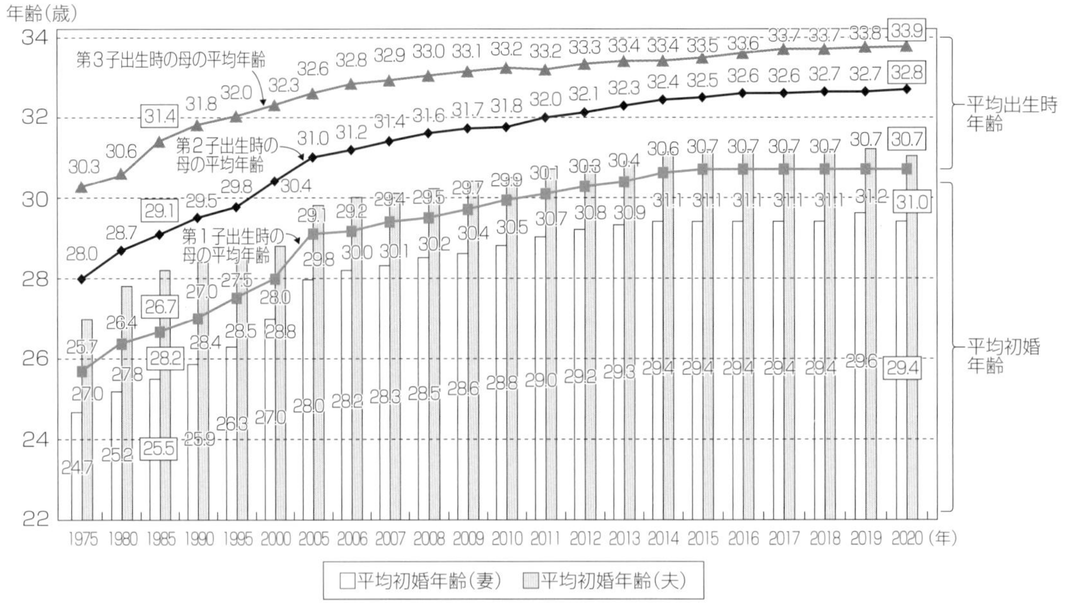

資料；厚生労働省「人口動態統計」

図１－５　平均初婚年齢と母親の平均出生時年齢（出生順位別）の年次推移

出典：図１－１と同じ　p.13

げられます。図１－５を見ると、1985（昭和 60）年には女性の平均初婚年齢は 25.5 歳だったのに対して、2020（令和２）年は 29.4 歳まで上がっていることがわかります。これは男性においても同様に見られる傾向ですが、このことを晩婚化といいます。

また、出生時の母親の平均年齢も晩婚化に伴って上昇しています。これは、先述したように、わが国では非嫡出子が少なく、嫡出子が多い状況であり、晩婚化の進行は晩産化にもつながっているからです。第１子出生時の母親の平均年齢については、1985（昭和 60）年は 26.7 歳であったのに対して、2020（令和２）年は 30.7 歳と上昇しています。第２子、第３子の出生時の平均年齢についても同様に上昇しています。

③出産・子育てをめぐる意識の変化

国立社会保障・人口問題研究所が５年ごとに実施する「第 16 回出生動向基本調査（夫婦調査）」（2020 年）の結果によると、夫婦に尋ねた理想的な子どもの数は 2.25 人であり、実際に持つつもりの子どもの数は 2.01 人と減少傾向にあります。なお、子どもの出生数が減少している状況を前項で確認しましたが、夫婦の完結出生児数*7は 1.81 人であり、こちらの値のすべてが調査開始以来最も低くなっています。

＊7　**完結出生児数**
結婚持続期間が 15 ～ 19 年の夫婦が出生した平均の子ども数のことを指し、一組の夫婦が最終的に出生した子どもの平均数を示すとされています。

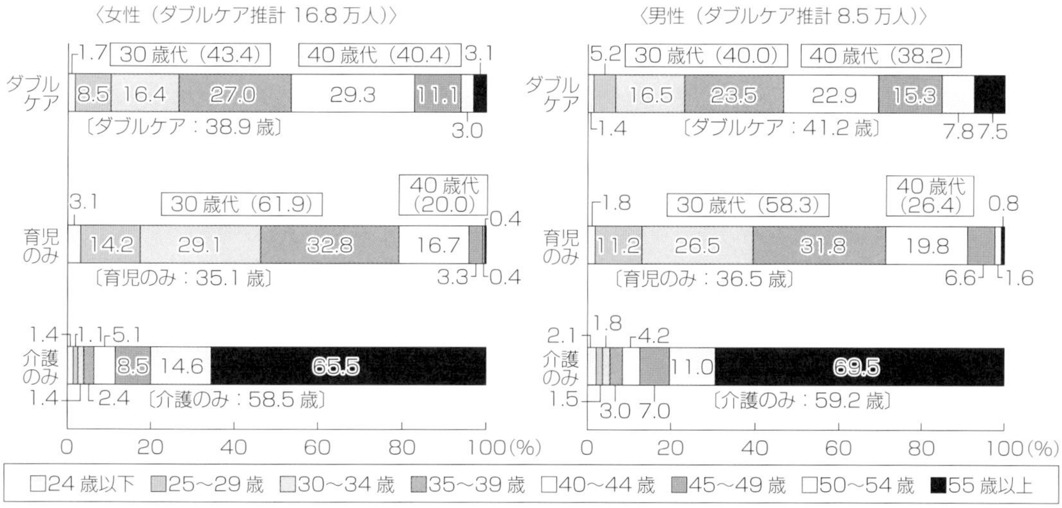

注　：総務省「就業構造基本調査」平成 24 年より内閣府にて特別集計。「ふだん育児をしている」「ふだん介護をしている」の両方を選択した者を「ダブルケアを行う者」として集計。（　）内の年齢は、平均年齢。

図１－６　育児と介護のダブルケアを行う者の年齢構成

出典：母子愛育会愛育研究所編『日本子ども資料年鑑 2017』KTC 中央出版　2017 年　p.72

同調査では、妻に理想の子ども数を持たない理由を尋ねており、最も割合が高くなったのは「子育てや教育にお金がかかりすぎるから」（52.6%）であり、年齢区分別に見ると、若い世代ほどその割合が高くなる傾向となり、子育ては経済的な負担が高いと多くの妻が考えていることが明らかになっています。なお、次に多い回答が「高年齢で生むのはいやだから」（40.4%）であり、年齢区分別に見ると、年代が高くなるほどその割合が高くなっています。このことは、先述した晩婚化に伴う晩産化は、結果として少子化に影響をもたらしているといえそうです。

④ダブルケアの問題

近年の晩婚化・晩産化等を背景に、育児期にある者（世帯）が親の介護も同時に引き受けるという「育児と介護のダブルケア」（以下「ダブルケア」）の問題が指摘されています。

2015（平成 27）年度に内閣府が実施した「育児と介護のダブルケアの実態に関する調査報告書」（平成 28 年3月）によると、「ふだん育児をしている」「ふだん介護をしている」の両方を選択した「ダブルケアを行う者」の年齢構成を見ると、女性は 30 歳代（43.4%）、40 歳代（40.4%）、男性では 30 歳代（40.0%）、40 歳代（38.2%）の順となり、男女ともに 30・40 歳代で全体の約８割を占めています（図１－６）。

ダブルケアの研究ホームページによると[1]、ダブルケアの問題は、高齢出産などにより、自分の親（義理親・あるいは祖父母）の介護と、自分の子育てが同時進行の状況にある団塊ジュニアの女性らのみでなく、団塊世代の女性らも、現在、自分の親（義理親）あるいは祖父母の介護と、娘の支援（孫育て）というダブルケアの葛藤や負担を抱えていると報告しています。

同居・非同居、有職・専業主婦、一人っ子娘のダブルケアといったパターンの違いがあるにせよ、精神的、体力的、時間的、経済的、家族的に複合的な課題を抱えることになるといえます。また、団塊世代であれば、親と子の双方から頼りにされ、かつ有職であったり、自分自身の体調や体力も弱りはじめたりしているなか、大きな負担になっているといえます。

すべての子育て世代を対象に、2015（平成27）年度から「子ども・子育て支援新制度」（p.79参照）が施行されていますが、子ども・子育て支援、介護と別々に考えてもダブルケアの問題には対応できないのではないでしょうか。前項で高齢化と少子化の問題は相関関係にあることを学んだみなさんであれば、このダブルケアの問題からも、子どもから高齢者までの、世代横断的な視点を持った支援が必要だと考えられるでしょう。

3　少子化進行の社会的背景

要約 結婚や出産、子育てに関する意識の変化を裏付けるように、若者の非正規の問題、仕事と子育ての両立に関する問題、子育てが経済的に負担であると考えている現状があります。これらの解決を図ることも少子化進行の抑制に必要なことといえます。

①子育て家庭の経済・就労状況

前項では、出産・子育てについて経済的な負担が高いとの認識があることについて確認しました。ここでは、子育てや少子化の問題を経済の視点から考えてみましょう。

「15～24歳」の男性の完全失業率は、2003（平成15）年の11.6％をピークに2021（令和3）年は5.1％となっています。「15～24歳」の女性では2002（同14）年の8.7％をピークに2021（同3）年は4.2％となっており、男女ともに若年者の完全失業率は低下傾向を示しながら推移しています（図1－7）。若年者の非正規雇用の割合は、1991（同3）年には男女とも2割程度であったものが、2021（同3）年には男性で4割を超え、女性でも5割ほどにまで上昇しています。

なお、参考までに男性の就労形態別有配偶率を見ると、「正社員」では25～29歳で3割強、30～34歳で6割弱となっていますが、非正規雇用の状態にある「非典型雇用」では、その半数以下の割合となっています。

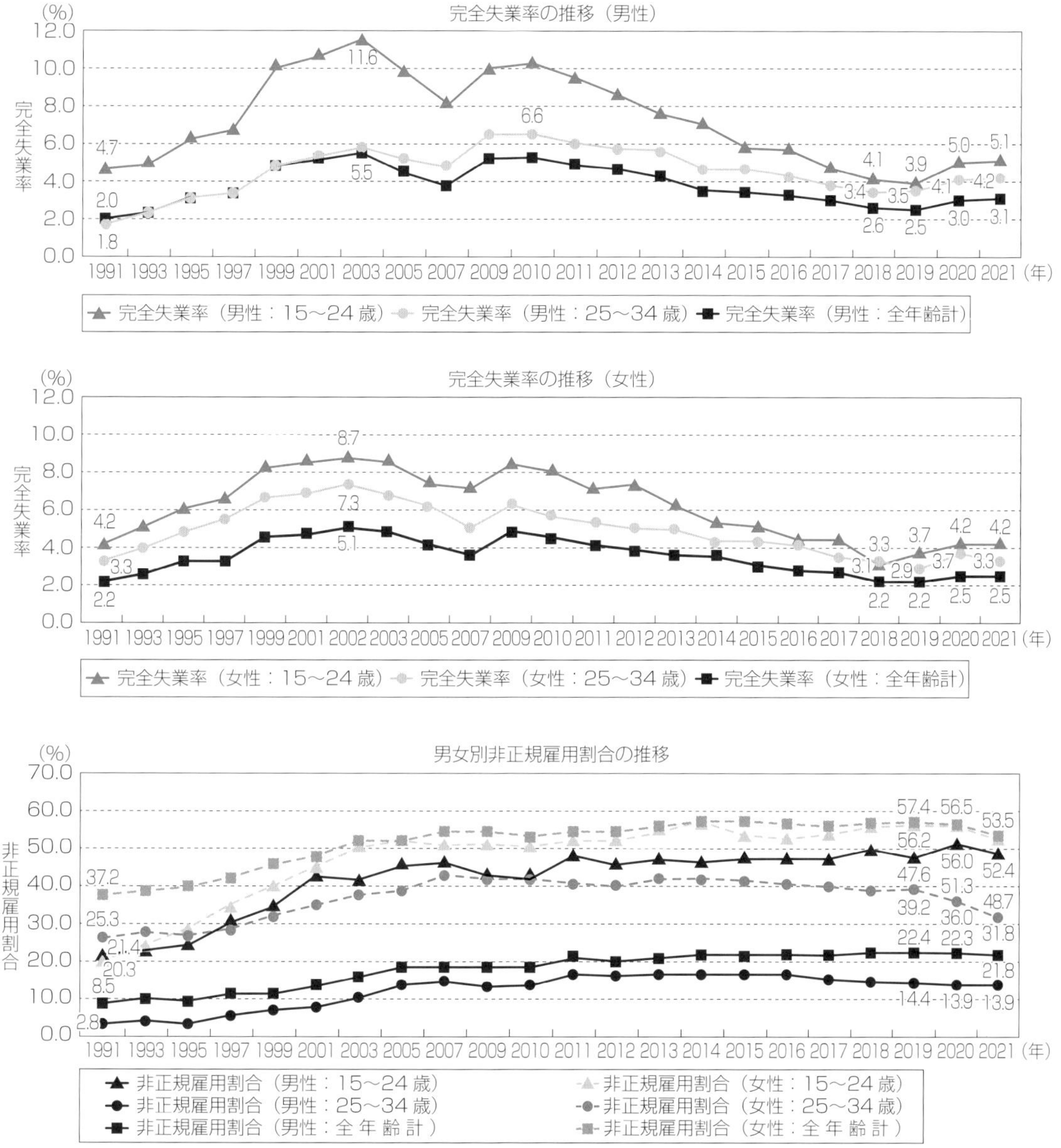

資料：総務省「労働力調査」「労働力調査特別調査」

注１：非正規雇用割合については、2001 年までは「労働力調査特別調査」（2月調査）、2002 年以降は「労働力調査（詳細集計）」（1～3月平均）による。
調査月（2001 年までは各年2月、2002 年以降は1～3月平均の値）が異なることなどから、時系列比較には注意を要する。

注２：労働力調査では、2011 年3月 11 日に発生した東日本大震災の影響により、岩手県、宮城県及び福島県において調査実施が一時困難となった。
ここに掲載した、2011 年の数値は補完的に推計した値（2005 年国勢調査基準）である。

図１－７　若年者の完全失業率と非正規雇用割合

出典：図１－１と同じ　pp.17-18

非正規雇用では経済的に不安定であり結婚できないといった理由からも、未婚化、さらには少子化に拍車をかけていると考えられます。

②女性の第１子出産前後の就業変化の状況

女性の第１子出産前後の就業変化の状況から、仕事と子育ての両立に関しての問題が見えてきます。先の「出生動向基本調査」によると、約 30 年前の「1985 〜 89 年」との比較で「2015 〜 19 年」の結果は、出産前に有職者であった女性は 77.4%まで増えている状況にあり、このうち育児休業を利用して就業を継続した人の割合は 5.5%から 42.6%まで増えています。その一方で、妊娠・出産を機に退職した女性は 23.6%となり、約 30 年前と比較しても少なくない割合で見られています（図１－８）。

厚生労働省の調査[*8]において、末子妊娠判明当時に仕事を辞めた人に対して、仕事を辞めた理由について尋ねたところ、「男性・正社員」は、「自発的に辞めたが、理由は出産や育児等に直接関係がない」が 31.3%と最も高くなりました。「女性・正社員」では、「仕事を続けたかったが、仕事と育児の両立の難しさで辞めた」が 24.4%と最も高くなりました。次に「勤務地や転勤の問題で仕事を続けるのが難しかった」が 20.7%、「妊娠・出産に伴う体調の問題で仕事を辞めた」が 18.3%となりました。

＊８
「平成 29 年度仕事と家庭の両立支援に関する実態把握のための調査研究事業報告書労働者アンケート」2017 年。なお、この質問の結果は複数回答によるものです。

ここからわかることは、女性の正社員が仕事を続けたかったが、仕事と育児の両立が難しいということです。その理由として、子育て中の勤務地や転勤の問題で、仕事の継続が難しいことや、妊娠・出産による体調の変化により仕事を継続できるかどうかに影響を及ぼしていることがわかります。

次に女性の産後の職場への復帰時期の計画とその実現状況を尋ねたとこ

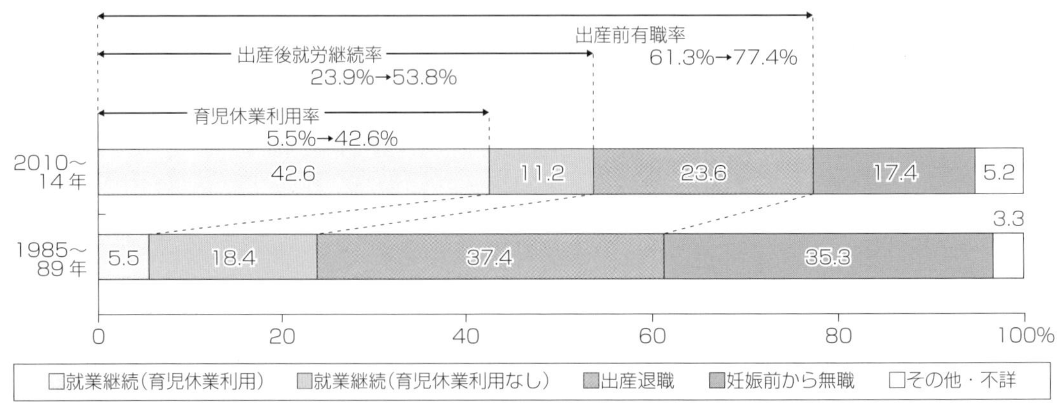

注　：対象は第１子が１歳以上 15 歳未満の初婚同士の夫婦の妻（年齢 50 歳未満）。

図１－８　第１子出産前後の妻の就業変化（出生年別の比較）

出典：国立社会保障・人口問題研究所「第 16 回出生動向基本調査（夫婦調査）」2021 年をもとに筆者作成

ろ、全体では、「計画通りに復帰をした」が 69.5%、「計画通りに復帰できなかった」が 19.5%となりました。これを夫婦の育児分担満足度別にみると、「夫婦の育児分担に満足している」について「そう思わない」層では、「計画通りに復帰できなかった」割合が 26.9%と、ほかと比べて高いことがわかります。

続いて、短時間勤務制度を以前利用しており、現在は利用していない女性について、短時間勤務からフルタイム勤務に復帰する時期の計画とその実現状況を尋ねたところ、全体では「計画通りに復帰をした」が 69.0%、「計画通りに復帰できなかった」が 19.8%となりました。「計画通り復帰できなかった」について、夫婦の育児分担満足度別にみると「夫婦の育児分担に満足している」に対して「あまりそう思わない」層で 33.3%、「そう思わない」層で 20.0%となっており、「そう思う」「まあそう思う」層と比べて高いことがわかります。このことから、職場への復帰を促す要因として、夫婦の育児分担に満足しているかどうかで影響を受けることが理解できます。

③ワーク・ライフ・バランスの推進等、子育てと仕事の両立

現在の日本は、女性が仕事も子育ても両立していくことができる社会を目指しています。女性が子育てと仕事を両立していくことの難しさがある状況について前述しましたが、男性についてはどうでしょうか。

6歳未満の子どもを持つ夫婦の一日あたりの家事・育児時間の国際比較を見ると、わが国の場合、夫の一日あたりの家事・育児関連の時間は 83 分、うち育児の時間は 49 分となり、先進国中最低の水準にあります（図1－9）。また、夫婦の比較から、その負担比重が妻に傾いている状況がわかりますが、特にわが国においては、その偏りが顕著になっています。

仕事と家庭のバランスを取ることをワーク・ライフ・バランスといいます。女性も男性も安心して子育てや仕事をして生活していくためには、いかに「ワーク・ライフ・バランス（仕事と生活の調和）」の実現を図るかが課題となっています。先ほど女性の育児休業利用率を見てみましたが、男性の利用率と合わせて、改めて見てみましょう。

核家族化が進み、地域の人とのつながりが希薄化される現在、子育てをしていく上で、主たる子育ての担い手である母親が、孤立を余儀なくされているケースが多くなっています。このような現状を改善するために、男性が子育てに協同できるために育児休暇の取得が重要となります。

2023（令和5）年4月に施行された改正育児・介護休業法により、男性の育児休業取得が 1,000 人を超える事業主に対し1年に1回状況を報告することが義務付けられました。「令和5年度男性の育児休業等取得率調査」によると、

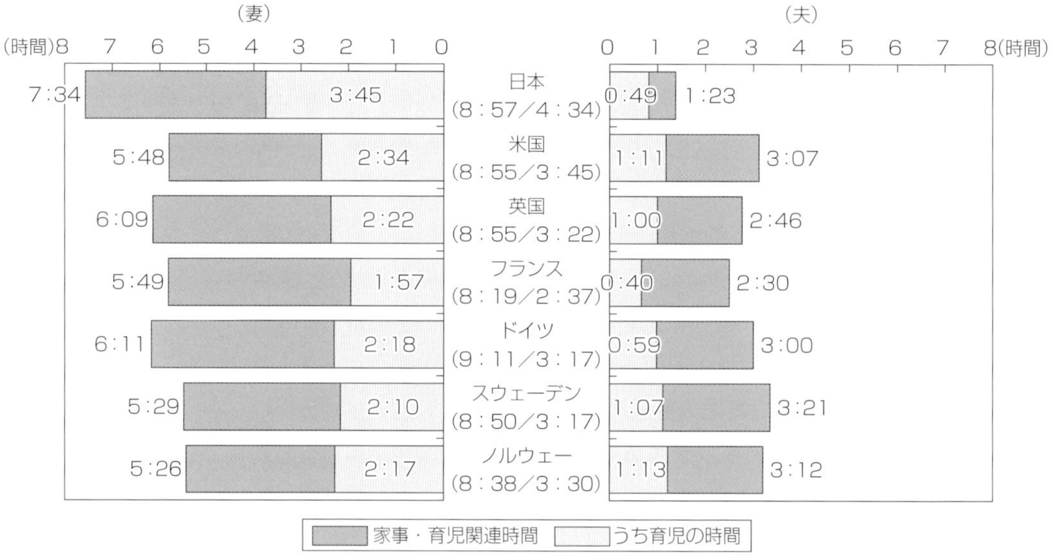

注１：総務省「社会生活基本調査」（平成 28 年）、Bureau of Labor Statistics of the U.S."American Time Use Survey"（2018）及び Eurostat"How Europeans Spend Their Time Everyday Life of Womenand Men"（2004）より作成。
注２：日本の値は、「夫婦と子供の世帯」に限定した夫と妻の１日当たりの「家事」、「介護・看護」、「育児」及び「買い物」の合計時間（週全体平均）。
注３：国名の下に記載している時間は、左側が「家事・育児関連時間」の夫と妻の時間を合わせた時間。右側が「うち育児の時間」の夫と妻の時間を合わせた時間。

図１－９　６歳未満の子どもを持つ夫婦の家事・育児関連時間（１日あたり・国際比較）

出典：内閣府「男女共同参画白書　令和２年版」 p.47

従業員 1,000 人を超えている企業のうち男性の育児休業取得率は 46.2%と日数は 46.5 日との結果でした。男性の育児休業取得率は上がってきたもののまだ十分とはいえず、また日数も限られています。男性の働き方の改善も含めて、男性の家事や育児への参加のあり方を考える必要があるともいえるでしょう。

これまで述べてきたように、若者の非正規雇用の問題、仕事と子育ての両立に関する問題、子育てが経済的に負担であると考えている現状から、少子化進行の社会的背景が読み取れるといえます。

Section 2 子どもと家庭を取り巻く環境の変化と生活問題

3分 Thinking

- あなたが子どものころの環境と今の子どもたちの環境で、どのようなことが変わっているかについて考えてみましょう。

1　産業構造の変化に伴う、子育て家庭や子どもを取り巻く環境の変化

要約 高度経済成長がもたらした産業構造の変化や都市化は、生活の利便性を大きく向上させた一方で、子育て家庭や子どもを取り巻く生活環境も変えてしまいました。

①子育て家庭を取り巻く環境の変化

高度経済成長は、家庭生活に大きな影響を与えました。従来、農林漁業などの第一次産業を基盤とする農業国であったわが国も、1970 年代以降、高度経済成長により鉱業・建設業・製造業を中心とした第二次産業の比重が増え、さらに現在はサービス業などの第三次産業の比重が高まっています。

このような経済発展に伴う産業構造の高度化は、雇用者世帯の増加をもたらしましたが、その結果、地方から都市部への人口移動により都市化を生み出すことにつながりました。これらの変化は、核家族化とともに労働者の就労形態にも影響を及ぼすことになり、子育て世代でいうならば、父親は雇用労働者として長時間労働の問題や通勤時間の増加により、家庭にいる時間が短くなりました。また、女性も労働者として求められるようになり、母親の労働者の増加によって共働きの家庭が増加し、従来とは異なる子育て家庭の生活スタイルを生み出すことになりました。

そして、経済的な不況はリストラや企業の倒産などにより多くの失業者を出すことになりました。また、政府の規制緩和・構造改革による非正規雇用の増加は、経済的な問題を抱える労働者の増加にもつながっています。

②子どもを取り巻く環境の変化

高度経済成長に伴う都市化は、交通機関が発達することや便利な生活をもたらしましたが、駐車場の整備などといった空き地の活用により、子どもの身近な遊び場の減少にもつながりました。近年では、公園や道路環境の安全性について問題視されているほか、少子化により地域の子どもの数が少ない

ということや、塾や習い事に時間を取られ、子どもたちが外で遊ぶ機会も少なくなっている状況もあります。

次項の地域社会の変化と併せて詳しく述べますが、子どもたちは、外で遊ぶことや異なる年齢のたくさんの人たちと地域で出会うことによってさまざまな経験をし、心も身体も成長・発達していくことになります。少子化や習い事については、おいそれといかないことではありますが、地域での遊び場は、子どもが成長発達するために大きな意味を持つものであり、その環境を整えていくことは急務といえるでしょう。

もう一つ、子どもたちのコミュニケーションツール等として広まったインターネットに関する問題もあります。インターネットの接続機器のうち、スマートフォンについて、小学生は 34.8%、中学生は 62.6%、高校生では 93.4%と、高学年になるほど利用状況は高くなっています。インターネットの利用では「1 時間未満」が 34.5%と「1 時間以上 2 時間未満」が 28.6%「2 時間以上、3 時間未満」が 13.8%、「3 時間以上 4 時間未満」が 5.6%、「4 時間以上 5 時間未満」が 2.9%「5 時間以上」が 2.5%でした。「2 時間以上」インターネットを使っている子どもは 24.7%となっており、平均時間は 88.0 分でした [＊9]。このようななか、子どもたちがネット上でのやり取りにより事件に巻き込まれることが起こっており、特に出会い系サイトを介して犯罪の被害を受ける小中学生が増加しています。また、コミュニティサイト（SNS、プロフィールサイトなど）を介したいじめにより、中高校生が自殺するまでに心が追い詰められてしまうといった状況が起こっているのが現状です。

＊9
内閣府「令和４年度青少年のインターネット利用環境実態調査報告書」2023 年

ネット社会は、これからますます発展していくことが予想されるため、子どもたちが安心・安全にネット社会と関わることができ、情報社会を正しく活用できる力を身に付けられるよう、支援する必要があると考えます。

2　地域社会の変化

要約 近所付き合いの希薄化に伴う、地域社会がこれまで担ってきた子育て支援機能の低下は、現在の子育て家庭の子育て不安を招く要因にもなっており、新たな地域社会による子育て支援の構築が求められています。

子どもが成長していく過程において、家庭、学校、地域社会は子どもに大きく関わる生活の場です。なかでも地域社会は、これまで子どもの社会勉強の場として機能してきた面があります。子どもが地域社会のなかで同年齢から異なる年齢の子どもや大人とふれあうことは、家庭とは異なる優しさや保護などの受容性の役割と、厳しさや規律などの社会性の役割の２つの機能を周りの人たちから学び、成長していく機会となっていました。

しかし、高度経済成長期以降の急激な社会の変化により、地域における子どもの遊び場の減少、地域の結び付きの崩壊などが問題となっています。地域社会においては、経済を中心とする考えが強くなり、これまで果たしてきた上記の役割を果たすことが難しい状況になっています。

内閣府「令和３年度社会意識に関する世論調査」によると、現在の地域での近所付き合いの程度について、1975（昭和 50）年の「よく付き合っている」割合は 52.8%だったのに対して、2022（令和４）年には 8.6%と減少している。一方、「付き合っていない」割合は 1975（同 50）年の 13.6%から 2022（同４）年には 43.4%と増加していることがわかります。ここから近隣付き合いの有無について、大きく分かれていることがわかります（図１－10）。

こうした状況は、従来、地域のなかで自然と行われてきた子育て経験を伝える機会の減少や、小さな子どもとふれあった経験のないまま親になることにもつながります。共働き世帯の増加、核家族化の進展に加え、地域社会でのつながりの希薄化や子育て支援機能の低下は、子育て家庭の孤立感・不安感、負担感の増加を招く要因にもなっていると考えられています。そのため、現在は地域で子育てを支援していく試みとして、地域子育て拠点事業などが行われています。2015（平成 27）年、子ども・子育て支援の意義として、「地域や社会が保護者に寄り添い、子育てに対する負担や不安、孤立感を和らげることを通じて、保護者が自己肯定感を持ちながら子どもと向き合える環境

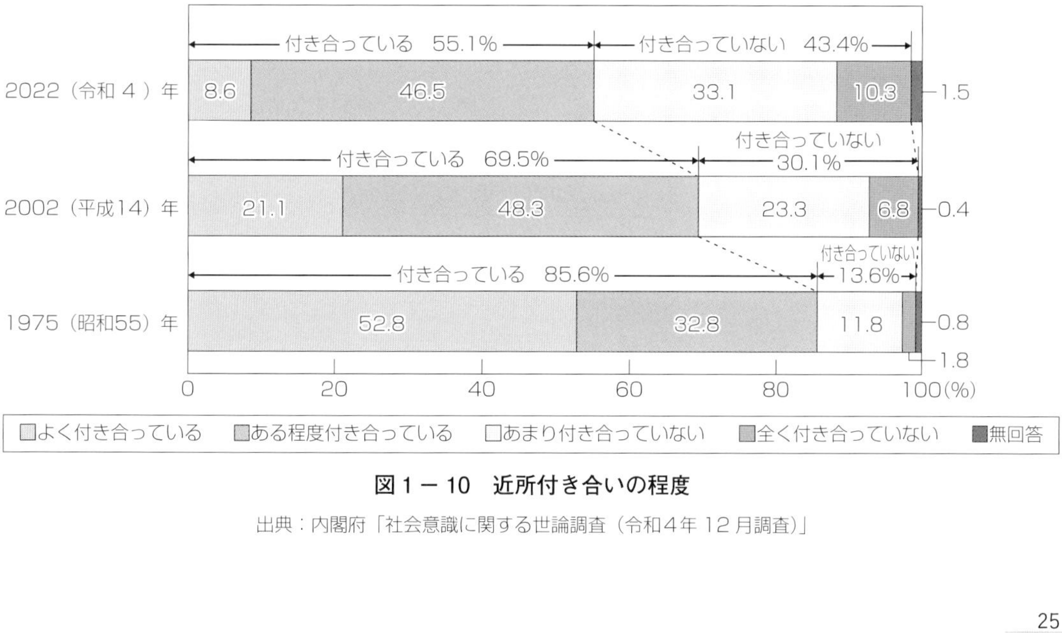

図１－10　近所付き合いの程度

出典：内閣府「社会意識に関する世論調査（令和４年 12 月調査）」

を整え、親としての成長を支援し、子育てや子どもの成長に喜びや生きがいを感じることができるような支援をしていくこと」があげられました。

日本では子育てをこれまで私的なものとして考えられてきた側面があります。しかし子育ては、次の世代の人材を育てるといった社会全体の問題として考えていく必要があり、地域社会の新しい形、現在の子育て環境に合った子育て支援の構築が社会に求められています。

【引用文献】

1）ダブルケア（育児と介護の同時進行）の研究ホームページ「ダブルケアから考える家族支援政策」 http://double-care.com/

【参考文献】

●伊達悦子・辰己隆編『改訂　保育士をめざす人の児童家庭福祉』みらい　2015年
●大津泰子『児童家庭福祉―子どもと家庭を支援する―　第2版』ミネルヴァ書房　2016年
●星野政明・石村由利子・伊藤利明編『全訂　子どもの福祉と子育て家庭支援』みらい　2015年
●櫻井奈津子編『保育と児童家庭福祉　第2版』みらい　2016年
●松本峰雄・野島正剛編『三訂　子どもの福祉―児童家庭福祉のしくみと実践―』建帛社　2017年
●森上史郎『最新保育資料集　2016』子どもと保育総合研究所／森上史朗監修、大豆生田啓友・三谷大紀編　ミネルヴァ書房　2016年
●森上史郎・柏女霊峰編『保育用語辞典　第8版』ミネルヴァ書房　2016年

●学びを振り返るアウトプットノート

年　月　日(　)　第(　)限　　学籍番号＿＿＿＿＿＿　　氏名＿＿＿＿＿＿＿＿＿＿＿＿

✣ このChapterで学んだこと、そのなかで感じたこと（テーマを変更してもOK）

✣ 理解できなかったこと、疑問点（テーマを変更してもOK）

✣ TRYしてみよう ✣

1 少子高齢化とは、(　　　　)歳未満の人口が減少し、(　　　　)歳以上の人口が増加することである。

2 (　　　　　　　　　　)は、15～49歳までの女性の年齢別出生率の合計であり、一人の女性が生涯に生む子どもの数の平均を表している。

3 日本の少子化の要因には、「(　　　　　　)・晩婚化」「(　　　　　)・子育てをめぐる意識の変化」といった問題のほか、「(　　　　　　　　　　)（仕事と生活の調和）」が整っていないことや非正規雇用といった就労状況などの問題があげられる。

○ コラム① 海外事情（アメリカの子ども家庭福祉）○

増沢高『児童虐待の理解と支援―社会的養護と発生予防―』によると、アメリカ（2009年）の社会的養護児童数（児童人口に対する割合）は42万698人（1.0%）で、そのうち、施設入所ケースは8万3,084人（19.7%）、里親ケースが30万1,867人（71.8%）となっており、里親委託を中心として要保護児童を受け入れている現状となっています。

アメリカにおける子ども家庭福祉の方針として、①家族を強化して児童虐待とネグレクトを防止する、②児童虐待やネグレクトの被害児童を守る、③すべての子どもに永続的な家族関係を保障する、と掲げられており、児童虐待問題に対する予防的支援策が先進的に進められ、多くの予算も投入されています。

また、子どもにとって親子分離は大きなトラウマを与えることになるため、「社会は子どもが家族と一緒に暮らせるように最大の努力をしなければならない」というファミリープリザベーション（家族保全）の考え方が根付いています。そのため、子どもの安全を維持しながら親子分離を防ぐコミュニティベースの危機介入サービスが必要で、課題に直面している家族の強みに焦点をあて、家族自らがその問題を解決できるようサポートして家族機能の改善を図ることが大切とされています。

アメリカの児童虐待の通報後の流れは、緊急性がある場合はＣＰＳ（児童相談所）、警察、検察、アドボカシーセンターなどのマルチディシプリナリーチーム（多職種によるチーム）による対応が確立されています。緊急性がないと判断されれば、州法にのっとってサービスが始まります。面接により虐待が疑われる場合はハイリスクとして家族調査を行い、虐待があった場合は在宅か分離か判断されます。もし分離の場合であれば、キンシップケア（親族里親）、フォスターケア（養育里親）など一時的に親子分離を図りますが、速やかに家族再統合を目標に支援が行われます。

ここでいうキンシップは、８親等まで該当し、信頼する大人（学校の先生、教会の牧師さん、小さいころにお世話になった近所のおじさん、おばさんなど）まで含まれます。さらに2010年の法改正により、それほどリスクが高くないとされた子どもや家族に対しても地域の民間機関の任意のサービスに適切につながるように優先順位が付けられるようになりました。このようなシステムはディファレンシャル・レスポンスと呼ばれており、現在のアメリカの子ども家庭福祉の特徴といえます。また、被虐待児に対する治療的プログラムなど多くの科学的な根拠に基づいた有効性のあるエビデンス・ベースト・プログラムも活用されています。

参考文献：資生堂社会福祉事業団『第40回（2014年度）資生堂児童福祉海外研修報告書』2015年

1 15／65 2 合計特殊出生率 3 未婚化／出産／ワーク・ライフ・バランス

Chapter 2 子どもの人権

●イメージをつかむインプットノート

Section 1 「子どもへの視点の変化と子どもの権利運動の先駆者たち」のアウトライン

子どもに対するまなざしを正すため、18 世紀ごろより子どもの人権を守る動きが出てきました（p.31）。

Keyword

- ☑ 大人の所有物
- ☑ 小さな大人
- ☑ 児童の世紀

Section 2 「近代の子どもの権利の動向と子どもの権利条約」のアウトライン

20 世紀に入ると、子どもの人権や権利を守ろうとする子どもに関連する宣言が出されました。そして 1989 年には、国際連合が児童の権利に関する条約（子どもの権利条約）を採択しました（p.33）。

Keyword

- ☑ 世界人権宣言
- ☑ 児童の権利宣言
- ☑ 児童の権利に関する条約（子どもの権利条約）

Section 3 「日本における子どもの権利の動向」のアウトライン

日本は第二次世界大戦後に、すべての子どもたちの福祉（しあわせ）を実現するため、児童福祉法と児童憲章を定めました（p.37）。

Keyword

- ☑ 戦災孤児
- ☑ 児童福祉法
- ☑ 児童憲章

Section 1 子どもへの視点の変化と子どもの権利運動の先駆者たち

3分 Thinking

• 子どもの人権や権利が大切と考えられるまで、大人や社会は子どもをどのように見て、どのように接したのでしょうか。

1　古代から中世にかけての子どもの姿

要約 子どもたちは古代から中世にかけては、物心が付く前から大人と同じように働かせられるなど、必要な保護や教育が受けられていない時代が長く続いていました。

子どもの人権や権利を考えるにあたって、子どもに対するこれまでの世界的な考え方を振り返ることが大切です。

古代社会からその社会や集団のなかで、子どもは「大人の所有物」という考え方が大きくありました。それは子どもの権利を守るという視点と反対の見方といえ、子どもを単なる労働力として考えていました。そして子どもの育ちとして必要である教育も行われず、物心が付いたときには子どもの意思に関係なく大人と同じように働かせられることが通常でした。

このことは多くの人々が貧しい生活をしていたことで、子どもを働かせないと子どもの親自身も生活できない状況があったからとされています。このほか、子どもを労働力として見ているだけでなく、親が子どもを身売りすることや、子どもが労働力として期待できないときや必要ではないと考えられた際には、時としてその子どもの生命を奪うなどのことが当然のように行われる悲惨な時代でもありました。このように当時は子どもには、子ども独自のモラルや感情を持つ存在として見られることはありませんでした。

17世紀ごろのヨーロッパ中世に入ると、子どもは「小さな大人」であるといわれました。それは、子どもは大人と同じように働かせられていたことが古代から続いてきたように、子どもは精神的にも肉体的にも大人と同じであり、ただ子どもは大人と比べて身体が小さいだけであると考えられていたのです。このため、相変わらず子どもは労働力として考えられ、大人と同じような仕事をさせられることや、時として子どもに対して虐待などのひどい仕打ちをするようなことも多くありました。

2　代表的な子どもの権利運動の先駆者たち

要約「小さな大人」の考え方が代表的な見方としてあるなか、18 世紀に入ると子ども期があることを訴える、子どもの権利運動の先駆者が出てきました。

18 世紀以降、子どもの権利についての視点が、社会に投げかけられていきました。有名なものとして、フランスで活躍した教育哲学者であったジャン=ジャック・ルソー（Rousseau,J-J.）があげられます。ルソーは、1762 年に著書『エミール』を公表し、「子どもには特有の物の見方、考え方、感じ方がある」[1] と述べるなど、それまで社会で広がっていた「小さな大人」に代表される子どもに対する考え方について批判しました。そして、子どもには子ども固有の成長する論理があることを伝えるなど、子どもに対する見方の転換を図りました。このルソーの考え方については「子どもの発見」*1 とされています。ルソーの登場以降、少しずつ子どもに対する理解や思想などが広がっていったとされています。

このほか、近代の子どもの権利の発展とされるのが、スウェーデンの教育学者のエレン・ケイ（Key,E.）が、1900 年に刊行した『児童の世紀』での指摘です。ケイは子どもを大人のひな形ではない独自の存在として位置付け、教育により子どもの権利が保障される重要性について述べるとともに、子どもの個性を尊重することの大切さなどについて訴え、20 世紀は子どもが幸せに育つことのできる世紀を築いていくべきであると主張しました。

このほか、アメリカのジョン・デューイ（Dewey,J.）が 1899 年に刊行した『学校と社会』においても、これまでの子どもに対する見方（子ども観）の見直しと子どもの権利の重要性が訴えられました。このように 20 世紀にかけて、子どもの人権を守る必要性についての議論が活発に行われました。

ポーランドでは、ヤヌシュ・コルチャック（Korczak,J.）がその生涯を子どもの権利の獲得に向けての活動に捧げました。コルチャックは小児科医であるとともに教育者として子どもたちと向き合い、ユダヤ人とポーランドの孤児のための施設を設立しました。コルチャックはこれらの実践とともに、子どもは生まれたときからすでに人間であり、愛される権利を持っていることを訴え、子どもの福祉と子ども自身が権利を持っていることの重要性について主張しました。このコルチャックの考え方は、その後の児童の権利に関する条約（以下「子どもの権利条約」）の制定に至るまでの子どもの権利の理念を築いた柱になったとされています。

＊1　**子どもの発見**
ルソーは子どもの発見として、大人とは違った存在であり、子どもの人格を認め、子どもを人間の一員であるとすることが必要であることを指摘しました。合わせて子どもを大人と比較して、単純に未発達な存在であると見るのではなく、未発達であるために成長して新しい大人になっていくという価値を見出しました。

Section 2 近代の子どもの権利の動向と子どもの権利条約

3分 Thinking

- 20世紀に入ると、子どもの権利を守ろうとする動きが見られるようになります。当時の子どもたちに保障されていなかった権利について、思い付く限りあげてみましょう。

1　世界児童憲章と児童の権利に関するジュネーブ宣言

要約 ▶ 20世紀に入ってからも、子どもたちの生活は良くなりませんでした。また第一次世界大戦が起こり、それらの反省のもとに子どもを守る動きが出てきました。

1909年、アメリカでは「第1回白亜館会議（ホワイトハウス会議）」が行われました。この会議は、アメリカの大統領であったセオドア・ルーズベルト（Roosevelt,T.）により児童福祉分野の専門家が集められ、子どもの福祉を検討するために世界で初めて開催されたものです。ここでは家庭生活は、最高にして、最も美しい文明の所産であるとされたうえで、子どもは緊急にしてやむを得ないニーズを除いては家庭から引き離されてはならないことが確認されました。

子どもの権利保障の法制化に向け、世界で最初のきっかけとなったのは、第一次世界大戦の反省により、1922年にイギリスの提案で児童救済基金において作成された「世界児童憲章」です。その後、1924年9月には国際連盟（現在の国際連合）で「児童の権利に関するジュネーブ宣言（以下「ジュネーブ宣言」）」が採択されました。これは第一次世界大戦で多くの国の子どもの生命が奪われたことを反省するところから、子どもを適切に保護することを目的として条文が定められました。このジュネーブ宣言では子どもたちが人種・国籍・信条などに関係なく保護される権利が明文化され、前文には、人類が子どもに対し最善のものを与える義務を負うことが掲げられています。

2　世界人権宣言と児童の権利宣言

要約 ▶ 第二次世界大戦中・終戦直後にかけ、世界で人種差別や迫害があり、子どももその対象でした。これらの人権回復のため、世界人権宣言や児童の権利宣言が示されました。

ジュネーブ宣言の採択後、世界の子どもたちに再び災難が訪れることになりました。それは第二次世界大戦の発生でした。

第二次世界大戦の戦時中、世界中で人種差別や迫害などがあったことなど、さまざまな人権侵害がありました。これらの人権侵害では、立場的に弱い子どもの多くも被害を受けました。1945年に第二次世界大戦が終わり、子どもをはじめとした戦争中の人権侵害に対する反省などをふまえて、1948年12月10日、フランスのパリで開かれた第3回の国際連合の総会で「世界人権宣言」が採択されました。この世界人権宣言は、子どもを含めてすべての人間が生まれながらに基本的人権を持っているということが認められた宣言です。そうしてこの宣言は、あらゆる人と国が達成しなければならない共通の基準であるとされています。

子どもの人権保障に関して、世界人権宣言に続き、1959年11月20日の国際連合の総会において、「児童の権利宣言」が採択されました。これは世界人権宣言ですべての人々に権利があることを宣言され、身体的および精神的に未熟である子どもは、特別に守ることが必要である存在と位置付けられました。そして宣言の前文において、人々は子どもに対して最善のものを与える義務を負うものと、子どもの権利の理念が明確に示されました。この宣言は、前文と10か条の構成からなり、その第1条ではすべての子どもは、人種、皮膚の色、性、言語、宗教、政治上その他の意見、出身、財産、門地その他で差別を受けることなく、これらの権利を与えられなければならないと、子どもの権利が持っている権利についての内容が定められました。

3　子どもの権利条約の採択

要約 児童の権利宣言の採択後も、子どもの権利が十分に守られることはありませんでした。その後、ポーランドなどの呼びかけで子どもの権利条約を検討していきました。

児童の権利宣言が国際連合で採択されましたが、その後も世界では子どもたちに対する差別的な関わりがなくなることはありませんでした。それは仮に児童の権利宣言の内容が守られないとしても罰則的な規定がなく、実効性や拘束力が伴わないものであったことも一つの要因であるといえます。このため社会主義国であったポーランドの政府から、国際連合に対して子どもの権利条約の草案（具体的な案）が提出されました。この翌年は児童の権利宣言から20周年の節目であったことから「国際児童年」（1979年）として定められたとともに、ポーランドの案を受けて、国際連合人権委員会において作業部会が設置され、子どもの権利条約の具体的な検討が進められました。

このような流れで条約制定の準備が進められ、10 年かけて多くの国で議論された結果、1989 年 11 月 20 日の国際連合総会において「子どもの権利条約」が採択され、翌年の 1990 年に国際条約として発効されました。なお、この条約について、日本はその後 1994（平成 6）年 4 月 22 日に世界で 158 か国目に批准・締約 *2 しました。2019（同 31）年 2 月現在、196 か国が締約しています。

この子どもの権利条約では、子どもを 18 歳に達するまでのものと定義し、人として持っている基本的人権などの権利を子ども自身が持っていると認めたうえで、子どもの生存、発達、保護、参加の包括的な権利を子ども自身が行使することができるとして、権利主体の子どもであることが明確化されています。また第 3 条では、「児童に関するすべての措置をとるに当たっては、公的若しくは私的な社会福祉施設、裁判所、行政当局又は立法機関のいずれによって行われるものであっても、児童の最善の利益が主として考慮されるものとする」とされており、この条文にある「児童の最善の利益」について、一般的には「子どもの最善の利益」といわれ、子どもの権利を保障するにあたって特に考えていくことが大切にされています。

子どもの権利条約について、日本ユニセフでは、「生きる権利」「守られる権利」「育つ権利」「参加する権利」4 つの柱から成り立っていると整理されています。この 4 つの権利を簡単にまとめると、次のようになります 2)。

①生きる権利

子どもは健康に生まれ、健やかに成長する権利を持っていること、など。

②守られる権利

子どもがあらゆる種類の差別や虐待、搾取から守られなければならないこと。また戦争などの紛争のもとにある子どもや、障害がある子ども、少数民族の子どもなどは特別に守られる権利を持っていること、など。

③育つ権利

子どもが教育を受ける権利を持っていること、休むことや遊ぶこと、さまざまな情報を得られること、自分の考えや信じることが守られること、など。

④参加する権利

子どもが自分に関係のある事柄について自由に意見を表すこと、集まってグループをつくり活動すること、など。

子どもの権利条約は前文と 54 か条から成り立っています。具体的には前文には条約が示す子どもの権利の理念が、第 1 部の第 1 ～ 41 条には子どもの権利として守られるべき具体的内容などが、後半の第 42 ～ 54 条までが条約を締結した国などが子どもの権利を守るための事務的な手続きなどについて定められています（図 2 − 1）。

＊2　**批准・締約**
条約を国の議会など（日本の場合は国会）で審議し、承認することを「批准」といい、国で批准された後、その内容を国際連合に伝えて国際的に表明し、条約に拘束される意思を表明することを「締約」といいます。

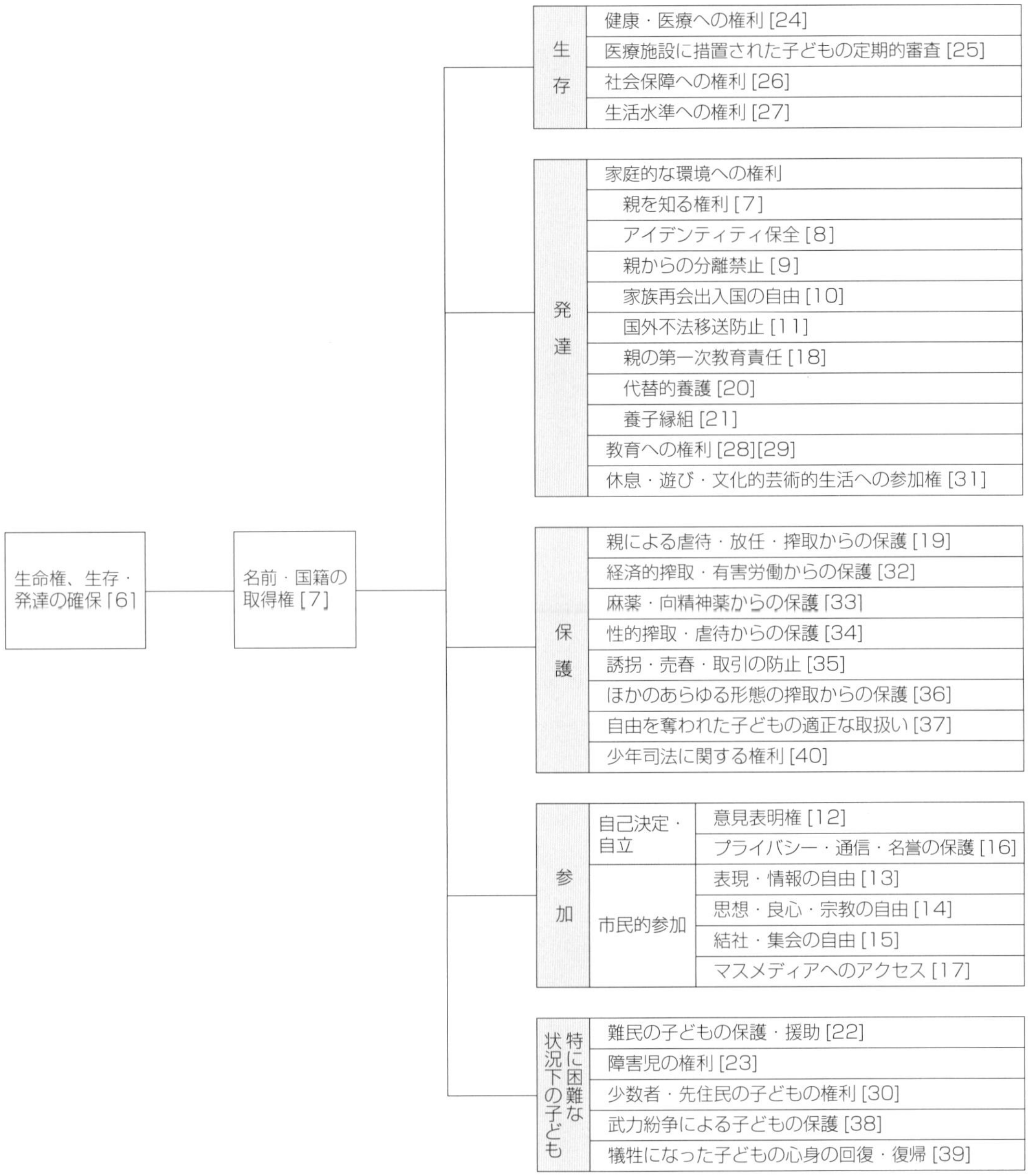

注　：[　] の数字は条文番号を指します。

図２－１　子どもの権利条約の内容・構成

出典：喜多明人「子どもの権利条約」市川昭午・永井憲一監修、子どもの人権刊行委員会編『子どもの人権大辞典』エムティ出版　1997年　p.322 をもとに一部改変

Section 3 日本における子どもの権利の動向

3分 Thinking

・第二次世界大戦後、児童福祉法に続いて制定された児童憲章では、国民一人ひとりが持つべき子どもに対しての考え方が示されました。その制定日は国民の祝日にあてられていますが、何の日でしょうか。

1　児童福祉法での子どもの考え方

要約 ▶ 日本で国の政策として子どもの「福祉」を考えるようになってきたのは、第二次世界大戦後の 1947（昭和 22）年の児童福祉法の制定からでした。

日本では第二次世界大戦の戦時中および戦後直後にかけて不況や不安定な社会状況が続きました。日本は 1945（昭和 20）年に大戦で敗戦し、この結果、さまざまな生活問題が引き起こされました。子どもに関しては、戦争により戦災孤児（親を失った子ども）や、浮浪児（親と生き別れになりさまよう子ども）などが社会に多くいました。この状況下で、当時の日本を統治していたGHQ（連合国総司令部）の指導のもと、1946（同 21）年に「日本国憲法」が制定されました。この憲法では、これからの日本の国のあり方を定められ、国民主権、基本的人権の尊重、平和主義の３大原則を守ることが確認されました。

この日本国憲法の精神を基盤として、戦災孤児、浮浪児などの困窮する子どもの保護や救済を行うことや、次の世代を担う子どもの健全育成を図るため、わが国の社会福祉法制の先駆けとして、1947（昭和 22）年に児童福祉法が制定されました。

当時の児童福祉法[*3]では、「すべて国民は、児童が心身ともに健やかに生まれ、且つ、育成されるよう努めなければならない」（第１条第１項）と子どもの成長・発育について保護者のみならずすべての国民に対して努力するように義務付けました（努力義務）。また、子どもの人権に関連する条文として、「すべて児童は、ひとしくその生活を保障され、愛護されなければならない」（第１条第２項）と示し、子どもたちの生活保障と必要に応じて保護される存在であることが明らかにされました。また児童福祉法は、身寄りのない子どもや支援が必要な子どもなど特定の子どものみを対象としていたのではなく、すべての子どもの福祉を対象としたことが特徴でした。

＊3　**当時の児童福祉法**
ここで取り上げた児童福祉法の第１条第１・２項（「児童福祉の理念」）は、1947（昭和 22）年の制定当初より規定されていた条文です。制定から約 70 年を経て 2016（平成 28）年に「児童福祉の理念」の条文は改正されました（現行の児童福祉法の第１・２条については、p.39 を参照）。

2　児童憲章の内容と子ども観

要約 ▶ 児童福祉法と併せて、1951（昭和26）年に児童憲章が定められ、国民一人ひとりが持つべき子どもに対しての考え方が示されることとなりました。

児童福祉法では、子どもの福祉についての国としての基本的な考え方が定められました。一方で、子どもの福祉を高めるためには、国として行政上の政策や施策を行うだけでなく、国民全体として考えて向き合うことが必要です。このため、児童福祉法が制定されたのちに、国民に向けて子どもの幸せをつくるためのメッセージを発信するということが検討されていきました。そうして1951（昭和26）年5月5日に児童憲章が制定されました。児童憲章は、前文と3つの総則、本文として12か条から成り立っています。その前文では「われらは、日本国憲法の精神にしたがい、児童に対する正しい観念を確立し、すべての児童の幸福をはかるために、この憲章を定める」とあります。つまりこの憲章は、日本国憲法の精神をもとにして、子どもの福祉を具体化していくということを目的に定められました。そして3つの総則とは「児童は、人として尊ばれる」「児童は、社会の一員として重んぜられる」「児童は、よい環境の中で育てられる」とあり、この考え方は子どもがより良く生活していくために必要な条件であるとも考えることができます。

3　子どもの権利条約批准後の法整備

要約 ▶ 日本では1994（平成6）年に子どもの権利条約を批准することになりました。また、2016（同28）年の児童福祉法の改正では、児童福祉の理念に子どもの権利条約の精神が明示されました。

世界的な子どもの権利の考え方が示されている子どもの権利条約が1989（平成元）年に採択されましたが、日本では1990（同2）年9月21日に条約に署名したのち、批准したのは先進国のなかでは遅く、世界158か国目となる1994（同6）年4月22日でした。この理由はいくつか考えられますが、一つに子どもの権利条約において保障される子どもの権利は、日本国憲法や児童福祉法などで十分に保障されており、条約の批准や条約に基づいた関係する法令の改正は不必要であると考えられていたためといわれています。しかしながら、日本でも1990年代以降にいじめや不登校、子どもへの虐待などの生活問題が発生したほか、痛ましい子どもの自殺も発生しました。このような子どもの生活や人権を奪う社会環境などに対して、子どもの人権を守るべきであるという国内外からの訴えが広がったことからも、日本での子どもの権利条約の批准につながりました。

国際条約である子どもの権利条約を批准するということは、日本の最高法規である日本国憲法の次に優先し、そのうえで児童福祉法などの法令を整備する必要があるということです。子どもの権利条約の批准後、子どもの権利の獲得を図るため、法改正による整備などが進められましたが、本条約の精神が日本の法律上で明文化されたのは2016（平成28）年の児童福祉法の改正からです。改正後の児童福祉法では、次のように示されています。

児童福祉法（2016［平成28］年5月27日改正。同年6月3日施行）

第1条　全て児童は、児童の権利に関する条約の精神にのつとり、適切に養育されること、その生活を保障されること、愛され、保護されること、その心身の健やかな成長及び発達並びにその自立が図られることその他の福祉を等しく保障される権利を有する。

第2条　全て国民は、児童が良好な環境において生まれ、かつ、社会のあらゆる分野において、児童の年齢及び発達の程度に応じて、その意見が尊重され、その最善の利益が優先して考慮され、心身ともに健やかに育成されるよう努めなければならない。

このように子どもの権利条約の精神が法律上でも明らかにされたことで、今後さらに子どもの最善の利益を考えながら、子どもの権利の理念に基づいた子どもの福祉が保障される取り組みが期待されています。

そのほか、2022（令和4）年にはこども基本法が制定されました（施行は2023［令和5］年4月1日）。この法律は日本国憲法および子どもの権利条約の精神の具現化を図るものです。同法の基本理念として、次代の社会を担う子どもが生涯にわたる人格の基礎を築くとともに、自立した個人としてひとしく健やかに成長することができ、子どもの心身の状況や置かれている環境等にかかわらず、その子どもの権利の擁護が図られるための国の責務とこども施策の推進に関することが定められています。

あわせて国をあげて子どもの権利の保障や子ども施策を推進するため、子どもの福祉に関する事務について2023（令和5）年4月にこれまでの担当省庁であった厚生労働省から新たに設置されたこども家庭庁に移管されました。これらの動向から、今後さらに子どもの権利に関する施策の充実が期待されています。

【引用文献】

１）J.J. ルソー著、今野一雄訳『エミール（上)』岩波書店　1962 年　p.125
２）日本ユニセフホームページ「子どもの権利条約」
http://www.unicef.or.jp/about_unicef/about_rig.html（2019 年 11 月 20 日閲覧）

【参考文献】

●E. ケイ著、小野寺信・小野寺百合子訳『児童の世紀』冨山房　1979 年
●全国社会福祉協議会児童家庭福祉懇談会提言「あらたな『児童福祉』の推進をめざして」（1989 年 3 月 18 日）
●喜多明人「世界の児童憲章－教育・福祉分野における国際的共同事業－」『立正大学人文科学研究所年報』21 号　立正大学人文科学研究所　1983 年
●喜多明人・森田明美・広沢明・荒牧重人編『逐条解説　子どもの権利条約』日本評論社　2009 年
●山縣文治『子ども家庭福祉論』ミネルヴァ書房　2016 年

●学び振り返るアウトプットノート

年　月　日(　)　第(　)限　学籍番号................　氏名................................

❖ このChapterで学んだこと、そのなかで感じたこと（テーマを変更してもOK）

❖ 理解できなかったこと、疑問点（テーマを変更してもOK）

❖ TRYしてみよう ❖

1 スウェーデンの教育学者の（　　　　　　）は、1900年に『（　　　　　　）』において、子どもの権利が保障される重要性について述べました。

2 子どもの権利条約では子どもの権利として、（　　　　　）、（　　　　　）、（　　　　　）、（　　　　　）の４つの柱が示されています。

3 日本では子どもの福祉に関連して、1947（昭和22）年に（　　　　　）が、1951（同26）年に（　　　　　）が定められました。

コラム② 施設養護におけるレクリエーション活動

施設における遊びの必要性

施設養護における生活は「衣・食・住」を基本に置いているために、生活そのものを保障することが先決となり、子どもの成長や発達に大いに関わりのある「遊び」は、どうしても二次的に捉えられてしまいがちです。

しかし、遊びは子どもたち一人ひとりの発達と施設での集団生活をつくりあげていくうえで重要であり、遊びを通した「余暇活動」が子どもたちの施設生活になかにおける大きな要素となっているのです。

子どもたちは、遊びのなかで自分たちで役割や決まりをつくり、内容をより複雑かつ豊かなものに深めていくことを通して、生活をつくり、生活を守る主体者として育っていくのです。そして、適切な指導のもとで子どもたちは「遊びづくりの名人」として成長・発達していきます。

よく遊ぶ子どもと遊ばない子どもの違いは、遊びに対する要求の違いにあるといわれています。子どもの要求が大人によって先取られ、その結果、自らの要求を取り出す必要を感じなくなってしまったり、ゆがめられた生活条件のなかで要求自体を抑えられ続けたりすると、遊びへの要求をうまく表現できなくなるのです。そのような子どもたちに対して、大人（施設職員）が遊びの教育的意味をよく理解し、「自分たちの手で生活を築く」子どもを育てる仕事であることを確認していくなかに「遊びの指導者」としての役割が存在するのではないでしょうか。

余暇活動とレクリエーション

余暇とは「自由な時間」のことです。その自由な時間は、施設生活のなかではどのように使われているのでしょうか。自分の興味や趣味に合わせた施設内クラブ（サークル）活動として自由に参加できるクラブ活動もあれば、半ば強制的にどこかに配属参加させられるクラブ活動もあり、それぞれの施設の状況によって、その対応はまちまちです。

しかし、遊びを余暇活動の範囲として捉える場合、レクリエーションは集団的な遊びの要素を含んでいるため、余暇活動の範疇となります。つまり、レクリエーションとは各自の生活の余暇に営まれる「自由な、自発的な楽しみとして行われる諸活動」や「自ら進んで選び、直接的な楽しみのためにのみ参加し、健康的で心を豊かにするような体験・経験を与える活動」であり、レクリエーション活動へは、自由で自発的な参加が望まれます。

施設の余暇活動としてのレクリエーション活動の大部分を占めているものに「施設行事」がありますが、この行事も多くの子どもたちの自発的な参加があってこそ「レクリエーション」となります。したがって、できるだけ多くの子どもたちが心から進んで参加できるような「行事」を計画することが必要になります。そのためには、子どもたちがどんなことに興味・関心を持っているのか、どんな行事を望んでいるのかをあらかじめ知っておくことが、レクリエーション行事を考えるうえで重要な点です。

施設の規模や子どもの年齢差、男女比によってもレクリエーションに対する興味・関心は異なり、一人でも多くの参加を期待するには、これらのことをふまえて計画を立てなければなりません。その際、計画の段階から子どもの参加を呼びかけ、大人とともに一緒につくりあげていくことが何よりも大事なことです。そのためには、施設に専任のレクリエーション担当者を配置しておくことも、今後は必要となってくるでしょう。

1 エレン・ケイ ／ 児童の世紀 2 生きる権利 ／ 守られる権利 ／ 育つ権利 ／ 参加する権利(順不同)
3 児童福祉法 ／ 児童憲章

Chapter 3 子ども家庭福祉の成立と展開

●イメージをつかむインプットノート

Section 1 「イギリスの子ども家庭福祉の歩み」のアウトライン

イギリスの児童保護・児童福祉は、キリスト教に基づく貧民救済から始まりました。その後、産業革命を経て社会構造が変化するなかで、さまざまな救貧施策が実施され、社会福祉制度の基礎が形づくられるとともに、今日のような民間の社会事業・慈善事業も生まれました（p.46）。

Keyword

- ☑ エリザベス救貧法
- ☑ 劣等処遇の原則
- ☑ セツルメント
- ☑ 児童の権利に関するジュネーブ宣言（ジュネーブ宣言）

Section 2 「アメリカの子ども家庭福祉の歩み」のアウトライン

アメリカの児童保護は、イギリスの制度を基本にして始まりました。その後、世界恐慌や第二次世界大戦などを経て、子どもの権利を重視する今日的な児童福祉の考え方が生まれます（p.49）。

Keyword

- ☑ 第1回白亜館会議（ホワイトハウス会議）
- ☑ ニューディール政策
- ☑ 貧困の再発見
- ☑ 貧困との戦争

第1回白亜館会議（ホワイトハウス会議）

Section 3 「日本の子ども家庭福祉の歩み」のアウトライン

わが国の子ども家庭福祉は、権力者による救済に始まりました。その後、イエ制度など社会の一部としての子どもから、子ども一人ひとりを尊重する立場へと変化します。また、イギリスやアメリカの影響を受けた多くの慈善事業家によって、今日の社会福祉施設の原型が誕生しました（p.51）。

Keyword

- ☑ イエ制度
- ☑ 慈善事業
- ☑ 受動的権利と能動的権利
- ☑ ホスピタリズム論争
- ☑ 児童の権利に関する条約（子どもの権利条約）
- ☑ 1.57ショック
- ☑ 児童福祉法（とその改正）

石井十次と子どもたち

Section 1 イギリスの子ども家庭福祉の歩み

3分 Thinking

• イギリスで起こった歴史的な出来事について、思い付くものをあげてみましょう。

1　中世から第一次世界大戦前まで

要約 ▶ 中世のイギリスでは、貧しくも相互扶助が機能していました。その後、産業革命期に入ると、子どもが労働力として搾取されるようになり、その救済制度が整備されはじめ、時代とともに変化していきます。特に第一次世界大戦前の時期は、今日の社会福祉制度につながる民間慈善事業が台頭しました。

①エリザベス救貧法の成立

中世封建社会のイギリスにおいて、市民の暮らしは決して楽ではなかったものの、村落や地縁血縁による相互扶助がある程度機能しており、貧しい家庭の子どもであっても、地域のなかで支えられて生きていくことができていました。しかし、資本主義社会に移行するなかで、囲い込み*[1]により小規模な集落が崩壊すると、相互扶助は崩壊し、領主と農民の貧富の差が決定的になったことで、都市部には多くの貧民があふれました。

そこで1601年、それまでの救貧政策を再編する形で「エリザベス救貧法」が制定されました。同法では、労働できる貧民には職業を提供し、労働できない（意欲のない）貧民は救済や強制収容の対象としたほか、身寄りのない子どもを住み込みによる徒弟に出し、職業と生活の場を与える施策が採られました。

これにより、すべての貧民を何らかの形で救済することになったことから、今日の社会福祉制度の原型といわれています。しかし実態としては、福祉的というよりも、治安維持が目的とされたものでした。

②産業革命と工場法

産業革命*[2]以降、貧しい子どもたちの働き方は、徒弟から工場労働者へと移り、低賃金の労働力として酷使されるようになりました。工場での長時間労働を強いられるなか、命を落としたり、障害を負ったりする子どもの増加が問題となったことで、子どもを劣悪な労働環境から守るため、1802

＊1　**囲い込み**
15世紀末ごろ、地主が牧羊や農地改良のために大規模な農地を柵で「囲い込み」、小規模耕作を行っていた農民を排除した結果、農民たちによる相互扶助の仕組みは崩壊し、貧富の差が決定的なものとなり、多くの貧民を生み出しました。

＊2　**産業革命**
18世紀半ばから19世紀にかけてイギリスで起きた一連の産業の変革と、それに伴う社会構造の変革のこと。手工業から機械制大規模工業への転換等により、モノの大量生産が可能となりました。

年「工場法」が制定され、子どもの労働時間の制限*3や、雇用主に対して、子どもに一定の教育を与えることを義務付けました。

③新救貧法と「劣等処遇の原則」

救貧法は、イギリス国教会の教区を基準とした制度であったため、年月の経過とともに、教区によって救貧施策に差が生じるようになっていました。そこで1834年、保護内容の格差是正を図るため、「新救貧法」が制定されました。同法により、それまで在宅のままでも救済の対象となっていた貧民は、ワークハウスと呼ばれる施設に収容された者に限定することになったほか、救貧行政の統一化が行われました。

しかし、“救済される貧民の生活水準は、自力で生活する者のそれを上回ってはならない”とする「劣等処遇の原則」により、救済水準は最低限に留められました。また、施設に収容されること自体が貧民の証であり、スティグマ*4を助長したほか、ワークハウスでの労役に耐えられず、脱走する者の増加や、画一的な施策により適切な救済が行われないなどの欠点も多かったため、これを受ける形で民間による救貧活動が台頭していくことになりました。

④民間慈善事業の台頭

1870年、トーマス・ジョン・バーナード（Barnardo, T.J.）は、孤児収容のための施設「バーナードホーム」を設立、小舎制による施設養育や里親委託、未婚の母への支援など、先駆的な取り組みを行いました。さらにアーノルド・トインビー（Toynbee, A.）らは、貧困問題解決のためには、その環境の改善こそが重要との考えからセツルメント*5運動に取り組み、1884年には世界初のセツルメントといわれる「トインビーホール」が設立され、貧民街における救済が行われました。

＊3　**子どもの労働時間の制限**
就労可能な最低年齢を9歳とし、13歳未満の子どもの労働時間に上限（8時間）を定めました。ただ、「9歳からは1日8時間労働させることが可能」ともいえ、子どもが酷使される状況に変わりはありませんでした。

＊4　**スティグマ**
もともとは「犯罪者などに押された烙印、焼き印」のことで、救済を受けていることによる心理的負い目のこと。

2　第一次世界大戦後から近代まで

要約　第一次世界大戦の反省から、イギリスは児童福祉の充実に大きく舵を切ったものの、世界恐慌の影響もあり、十分な成果を出せずに終わりました。

その後、第二次世界大戦期には、戦後の社会保障を見据えた制度設計も始まり、児童福祉のみならず、今日の社会福祉の基礎となるさまざまな制度や、子どもの保護、保護に対する考え方が芽生えました。

①第一次世界大戦とジュネーブ宣言

1914 年から始まった第一次世界大戦において、イギリスは勝利を収めたものの、イギリスを含むヨーロッパ全土が多大な被害を受け、多くの子どもが命を落としました。その反省から、1924 年に国際連盟において、世界児童憲章をもとにした「児童の権利に関するジュネーブ宣言（以下「ジュネーブ宣言」）」が採択されました。

> **児童の権利に関するジュネーブ宣言**
>
> 1924 年 9 月 26 日　国際連盟総会第 5 会期採択
>
> 広くジュネーブ宣言として知られるこの児童の権利宣言によって各国の男女は、人類は児童にたいして最善の努力を尽くさねばならぬ義務のあることを認め、人種、国籍、信条の如何を一切問わず、つぎのことを、その責任なりと宣言し承認する。
>
> 1. 児童は、身体上ならびに精神上正当な発達を遂げるために、必要なあらゆる手段が講ぜられなければならない。
> 2. 児童にして飢えたる者は、食を給せられなければならない。病める者は、治療されなければならない。知能の遅れた者は、援護されなければならない。不良の者は、教化されなければならない。孤児や浮浪児は住居を与えられ救護されなければならない。
> 3. 児童は、危難に際して最先に救済されるものでなければならない。
> 4. 児童は、生計を立てうる地位に導かれ、またあらゆる種類の搾取から保護されなければならない。
> 5. 児童は、その能力が人類同胞への奉仕のために捧げられなければならないことを自覚して、育てられなければならない。

ジュネーブ宣言は、子どもの生命保護・救済を謳（うた）うものであり、のちの子どもの権利や福祉を考えるうえで児童福祉の礎となりました。しかし、その後に起きた世界恐慌によってイギリスの経済は疲弊し、貧困や失業問題への対応が重要視されたため、残念ながら子どもの権利に関する問題を十分に解決するには至りませんでした。

②第二次世界大戦とベバリッジ報告

第二次世界大戦の最中、イギリスは戦後の社会保障政策の検討を進め、1942 年「ベバリッジ報告」*6 を発表しました。同報告をもとに、救貧制度の充実や医療費の無料化が進められ、福祉国家としての道を歩みはじめます。これにより、それまでの慈善的かつ宗教的なカラーの強かった救貧施策

*5　**セツルメント**
貧民街における問題解決のため、宗教家や学生らが、その地域に定住して、住民支援を行う活動のことで、隣保事業ともいいます。トインビーホールは、セツルメント運動の道半ばにして倒れた、トインビーの名を冠した施設です。

*6　**ベバリッジ報告**
原題は「社会保険及び関連サービス」という報告書です。イギリスが克服すべき社会保障上の課題として、貧困、疾病、不潔、無知、怠惰の５つをあげ、「五つの巨人悪（Five Giants' Evils）」としました。

は終わりを告げ、社会福祉制度としての救貧施策が始まり、近代福祉制度が確立されていくことになります。

さらに、ベバリッジ報告を受けて1946年に発表された「カーティス報告」では、社会的養護下にある子どもたちの処遇について、里親委託や小規模養育を推進する方向性が打ち出され、それらは1948年の「児童法」により法定化されました。

Section 2 アメリカの子ども家庭福祉の歩み

3分 Thinking

・アメリカのニューディール政策は、世界恐慌（不景気）を受けた経済対策として知られていますが、児童福祉制度の整備にもつながりました。その理由について考えてみましょう。

1　植民地時代から第一次世界大戦前まで

要約 植民地時代のアメリカにおける児童福祉制度は、イギリスの救貧制度をもとにしたものでした。産業革命と西部開拓という違いはあったものの、子どもが労働力として捉えられる背景は変わらず、福祉の視点とはほど遠く、1909年の「第1回白亜館会議（ホワイトハウス会議）」で、ようやく本格的な児童福祉施策が日の目を見ます。

①植民地時代とアメリカ合衆国としての独立まで

植民地時代（18世紀後半まで）のアメリカでは、イギリスのエリザベス救貧法をもとにした救貧施策が行われていました。しかし当時は、西部開拓のために労働力が重視されていたことから、救貧は最小限に留められ、児童保護についてもイギリス同様の徒弟制度による保護を中心としたものでした。

南北戦争が終結し、アメリカ合衆国として独立を果たすまでの間、アメリカには「奴隷制度」という人種人権問題が存在しました。これは今も人種差別問題として尾を引いています。1727年にはアメリカで初の孤児院が設立されたものの、大規模施設による収容で、厳しい労働を伴ったものであったことから、のちに里親養育中心へと転換していくことになります。

②資本主義の台頭と第1回白亜館会議（ホワイトハウス会議）

1776年に独立を果たしたのち、アメリカでは急速な工業化が進み、資本主義が台頭しました。これにより、イギリスの産業革命期と同じような、児童労働、貧富の差の問題を生み出しました。

1880年代には、各地にスラム街（貧民街）が形成され、問題は深刻さを増しました。1889年、シカゴでジェーン・アダムス（Addams, J.）らによって、セツルメントである「ハルハウス」が設立され、貧民救済事業が行われると社会的関心を呼ぶことになります。

そして1909年、当時の大統領セオドア・ルーズベルト（Roosevelt, T.）らによって、「第1回白亜館会議（ホワイトハウス会議）」*7が開催されました。同会議では「家庭は文明による最高の創造物」であるとし、「児童は緊急かつやむをえない場合を除き、家庭から引き離されてはならない」という、子どもにとっての家庭生活の重要性が確認されました(p.33を参照)。これ以降、アメリカでは、施設収容型養護から里親養育中心へと転換し、近代児童福祉施策が本格的にスタートしました。

*7 **白亜館会議（ホワイトハウス会議）**
エレン・ケイの『児童の世紀』による提唱に触発され開催されました。

2 世界恐慌から近代まで

要約 1929年の世界恐慌は、結果的にアメリカの児童福祉制度の確立にも大きな影響を与えました。その後の第二次世界大戦を経て、子どもの救貧だけでなく、貧困家庭の親への支援や虐待対応など、多岐にわたる福祉課題に対応する制度へと変化していきました。

①第一次世界大戦後とニューディール政策

第一次世界大戦終結後の1929年、ウォール街での株価大暴落をきっかけに世界恐慌が起きると、アメリカでは多くの失業者、貧困者が生み出されました。そこで当時の大統領フランクリン・ルーズベルト（Roosevelt, F.）は、失業による生活困窮者対策としてニューディール政策を実行します。1935年には、その一環として児童福祉制度を組み込んだ社会保障法が制定されました。しかしその後、1939年には第二次世界大戦に突入したことから、アメリカの児童福祉施策は一時停滞することになりました。

②第二次世界大戦と現代福祉制度の始まり

第二次世界大戦後の1960年代、アメリカは経済的繁栄を遂げる一方、ベトナム戦争の長期化により、傷痍軍人（障害者）や母子家庭といった福祉問題に直面しました。さらにイギリスと同時期に、マイケル・ハリントン（Harrington, M.）の『もう一つのアメリカ』や、ブライアン・エーベルスミス（Abel-Smith, B.）とピーター・タウンゼント（Townsend, P.）による『貧困者と極貧者』といった文献により、「貧困の再発見」と呼ばれる問題提起

*8 **フード・スタンプ**
低所得者にバウチャー（金券）を給付する制度です。購入できるものは食料品に限られることから、近年では、換金や不正に再発行（不正受給）するケースが問題となっています。

がなされ、繁栄の陰に隠れた貧困や人種差別問題などの福祉課題が浮き彫りとなりました。

これら社会問題を打開するため、時の大統領リンドン・ジョンソン（Johnson, L.）は「貧困との戦争」を提唱しました。食料補助施策である「フード・スタンプ」*8や、低所得者層家庭の就学前児童に対する教育を中心とした包括的支援を提供する「ヘッド・スタート」*9が導入されました。しかし、こういった施策は多大な財政支出につながったことから、1970年代に向けて、福祉抑制の方向に動いていくことになりました。

*9　**ヘッド・スタート**
単に教育支援に留まらず、健康問題の改善や親への支援、各家庭の事情に合わせたソーシャルサービスの提供など、内容は多岐にわたります。

Section 3　日本の子ども家庭福祉の歩み

3分 Thinking

・日本の歴史を振り返り、子どもが「保護、救済の対象」から、「権利を認められた主体」に変わっていく変遷を考えてみましょう。

1　古代から明治期以前までの児童保護

要約　わが国における児童保護の始まりは、古代、聖徳太子（厩戸王（うまやどのおう））のころにさかのぼります。貴族や士族による救済が中心であった時代を経て、封建社会の成立とともに、士族の子どもは「イエ制度」によって縛られ、貧しい庶民の子どもは生活苦から間引きの対象となる時代が続きました。当時伝来したキリスト教による救済も特徴的です。

その後の江戸時代においてもさまざまな救貧施策が採られますが、今日の福祉的施策というよりも幕府（国）を安定させるための施策が多く、庶民の生活苦は続きました。

①古代の児童保護

日本における貧民救済は、聖徳太子が593年に建立した四天王寺四箇院（しかいん）（敬田院（きょうでん）、施薬院（せやく）、療病院（りょうびょう）、悲田院（ひでん））に始まるとされ、このうち悲田院では、孤児や身寄りのない老人を保護していたといわれています。

その後、奈良時代になると、756年に和気広虫（わけのひろむし）が、騒乱で親を失った多くの孤児を、自宅で養育したことが知られており、こちらはわが国初の孤児院といわれています。

②中世の児童保護

鎌倉時代、士族の子どもは家督を継ぐための役割が重要視され、「イエの所有物」的立場に置かれました。その一方、庶民の生活は苦しく、間引き（口減らしのために子どもを殺すこと）や堕胎が横行していました。

室町時代に入ると、キリスト教の伝来に伴い、宣教師等による慈善事業が行われはじめました。イエズス会の宣教師フランシスコ・ザビエル（Xavier, F.）による貧民救済事業や、ポルトガル人医師ルイス・デ・アルメイダ（Almeida, L.）*10 が乳児院を設立したことが知られています。

＊10
商人でもあったアルメイダは、乳児院のほか、ハンセン病患者と一般患者に対応する、日本初の総合病院を設立しました。

③近世の児童保護

中世で発展したキリスト教に基づく貧民救済は、江戸時代に入ると、キリスト教布教等を禁止した禁教令の影響で衰退します。代わって幕府は、「五人組」*11 を活用した相互扶助を導入したほか、生活に困窮した庶民が間引きなどによって子どもを殺さないよう、1690 年に棄児禁止令を出すなど、労働力の減少を抑えようとしました。

＊11 **五人組**
江戸時代の隣保組織です。連帯責任の導入により、相互監視の役割も担わせました。

2　明治期から昭和初期までの児童保護

要約 明治以降、政府は子どもを将来的な労働力・軍事力として捉え、その保護策として児童保護を進めていきます。明治期は、十分な保護施策が行われていなかったことから、著名な慈善事業家が世に出ました。大正期は、第一次世界大戦の影響で工業化が進み、児童労働が問題化します。そして昭和初期（第二次世界大戦前）になると、人身売買などの被害に遭う子どもたちの問題から「児童虐待防止法」が整備されます。

①明治期の児童保護と慈善事業家たち

富国強兵を考えた明治政府は、将来の労働力・軍事力として児童保護を重視し、さまざまな政策を実行しました。なかでも、最も代表的な施策が、1874（明治 7）年に制定された「恤救規則（じゅっきゅうきそく）」です（下線は筆者）。

> 恤救規則（前文）
>
> 済貧恤救ハ人民相互ノ情誼（じんみんそうごじょうぎ）ニ因テ其方法ヲ設クヘキ筈ニ候得共目下難差置無告ノ窮民（むこくのきゅうみん）ハ自今各地ノ遠近ニヨリ五十日以内ノ分左ノ規則ニ照シ取計置委曲内務省へ可伺出此旨相達候事

恤救規則は、わが国初の全国的な救貧制度を定めた法律であり、今日でいえば生活保護法にあたります。しかし、国による統一的な救貧施策であることは評価できるものの、救済の対象を「無告ノ窮民（身寄りの無い者）」に限定し、

「人民相互ノ情誼（相互扶助）」を最優先とするなど、極めて限定的な救済に留まるものでした。

そこで、国の限定的な福祉施策から漏れた人々を救おうと、慈善事業家の活動が盛んになりました。石井十次は、イギリスのバーナードホームを参考に小舎制や里親養育を採り入れた「岡山孤児院」を設立し、最盛期には1,200人超の孤児を養育していました。石井亮一は、濃尾地震の震災孤児を保護した際、知的障害のある女児がいたことをきっかけに「孤女学院」を設立しました。なお、孤女学院はのちに「滝乃川学園」と改められ、知的障害者教育の専門機関となりました。留岡幸助は、今日の児童自立支援施設の先駆けとなる「家庭学校」を設立し感化教育に尽力しました。このほか、「二葉幼稚園」を設立し、貧困家庭児童への援助や保育事業に取り組んだ野口幽香・森島峰など、多くの慈善事業家の活動が、今日の福祉制度・福祉施設の礎となりました。

②大正期の児童保護

大正期のわが国は、第一次世界大戦の戦勝国となり、工業を中心に経済発展を遂げます。しかし、その影響で物価は上昇し、庶民の生活はかえって逼迫（ひっぱく）します。また、劣悪な労働環境で酷使される子どもが増えたため、1916（大正5）年「工場法」が制定され、年少者の長時間労働禁止などが定められ、1922（同11）年には、現在の少年法の前身である「少年法」*12が制定され、保護処分などの手続きが定められました。

この時期の特筆すべき防貧制度として、「済世顧問制度」「方面委員制度」*13があげられます。いずれも地域の有力者など民間人の力を活用し、貧困の予防や職業斡旋を行ったもので、民生委員制度の原型といわれます。

③昭和初期（戦前）の児童保護

昭和期に入ると、世界恐慌の影響で国民の生活は悪化し、生活困窮から子どもが人身売買されるなど、子どもを取り巻く環境は悪化しました。このような社会情勢を受け、1929（昭和4）年、恤救規則に代わり「救護法」が制定され、子どもや高齢者、障害者の救済が行われました。この際、施設収容による保護も行われ、その施設には委託費が支払われました。これは、戦後の社会福祉制度における措置費（措置制度）につながります。

また、1933年（昭和8）年に制定された「児童虐待防止法」は、先に述べた、子どもの人身売買などを対象とした法律でした。同法は、児童福祉法制定に伴い廃止され、児童福祉法に吸収されています（第34条「禁止行為」）。

＊12　**少年法**
工場法の制定で労働条件に規制がかかったことで、廃業に追い込まれた工場もありました。結果、職を失った子どもが浮浪児となり、その対策として少年法の制定につながりました。

＊13　**済世顧問制度・方面委員制度**
済世顧問制度は、岡山県知事であった笠井信一が、ドイツのエバーフェルト制度を参考に実施したものです。方面委員制度は、大阪府知事であった林市蔵が同様に実施しました。

3　第二次世界大戦後から高度経済成長期までの児童福祉

要約 戦後、さまざまな法律のもとに行われていた児童保護が、児童福祉法の制定により一本化され、戦災孤児救済といった国の政策としての児童福祉が始まることになります。また経済成長に伴い、子どもの権利に対する考え方や、施設ケアのあり方について議論になるなど、今日の子ども家庭福祉制度につながる変化が起こりました。

①児童福祉法と児童憲章

1945（昭和 20）年、第二次世界大戦が終結し、戦後復興への道を歩みはじめると、街には戦争で親を失った戦災孤児があふれ、その対策として児童相談所や一時保護所が整備されました。

そして 1946（昭和 21）年の日本国憲法の制定に続き、その翌年には、日本国憲法の理念に基づき、児童福祉法が制定されました。同法は、これまで個別の法律で取り組まれていた児童保護を集約し、一つの法体系のもとで行う画期的な転換をもたらし、国の政策としての児童福祉が始まることになりました。さらに 1948（同 23）年の「児童福祉施設最低基準（現・児童福祉施設の設備及び運営に関する基準）」の制定により、児童福祉施設の人員配置などの条件が規定され、児童福祉施策が展開されていきます。

1951（昭和 26）年 5 月 5 日には、子どもに対する正しい概念を確立し、すべての子どもの幸福を図ることを目的に、「児童憲章」が制定されました。児童憲章は、ジュネーブ宣言などを参考にして中央児童福祉審議会が制定の準備を進め、児童憲章制定会議が承認したものです。法的な拘束力こそありませんが、子どもの権利を確認する基本原則が謳われています（p.38 を参照）。

②高度経済成長と児童福祉

昭和 30 年代、高度経済成長期に入ると、工業を中心とした経済発展に伴い、国民の生活水準は上昇しました。しかし農林水産業では失業問題、工業分野では公害問題など、子どもを取り巻く環境は悪化しました。また当時は、「父親が就労し、母親は専業主婦」という家庭が一般的だったことから、父親が労働災害で死亡すると、貧困母子家庭を生むこととなりました。

またこのころ、戦災孤児の施設収容は大規模集団で行われていましたが、施設で生活する子どもたちの発達上の課題について、「ホスピタリズム論争」[*14] が巻き起こります。この議論は、のちの施設養護論に大きな影響を与えました。特に「施設ケアの小規模化」は、近年の社会的養護における喫緊の課題となっています。

＊14　**ホスピタリズム論争**
施設入所児童に見られる、情緒の不安定さや、発達上の遅れなどの身体的・心理的悪影響を総称して「ホスピタリズム」と呼びます。このホスピタリズムを回避・低減させるために、大舎制施設の解体と里親養育への移行を主張する人たちと、施設養護を肯定したうえで、施設において優れた養育を行うことの重要性を説く人たちの間で議論が巻き起こりました。これを「ホスピタリズム“論争”」と呼び、今日における施設の小規模化にも大きな影響を与えています。

4　第二次ベビーブーム期から近代まで―児童福祉から子ども家庭福祉への転換期―

要約 経済成長を遂げたわが国では、ベビーブームによる出生数増加が起きるものの、その後は出生数減少に転じます。少子化は、子どもの「育ち・育ての環境」にさまざまな影響を及ぼしただけでなく、大きな社会問題となりました。

また同時期は、児童の権利に関する条約（子どもの権利条約）が採択され、「子どもの権利」についての考え方が、国際的にも大きく進歩した時期でした。

①ベビーブームと児童の権利に関する条約（子どもの権利条約）

第一次ベビーブーム世代*15の子どもにあたる、第二次ベビーブーム世代をピークに、わが国の出生数は減少に転じます。少子化による子どもの「育ち」の環境変化のみならず、人口問題・高齢化社会問題が注目されはじめた時期でした。

また1970年代は、国際的にも児童福祉を考える機運が高まりました。1978年にポーランド政府から国連人権委員会に出された草案をもとに議論が開始され、1989年には、国連で「児童の権利に関する条約（以下「子どもの権利条約」）」（p.34を参照）が採択され、翌1990年に発効しました。その後、わが国も1994（平成6）年に批准しています。

＊15　**ベビーブーム世代**
p.12を参照のこと。

②「1.57ショック」と少子化

1989（平成元）年、合計特殊出生率*16が1.57を記録し、戦後最低だった「丙午（ひのえうま）」*17を下回ると、少子化が社会問題として注目されました。1994（同6）年には、「今後の子育て支援のための施策の基本的方向について（エンゼルプラン）」、その後1999（同11）年には「重点的に推進すべき少子化対策の具体的実施計画について（新エンゼルプラン）」が策定され、0～2歳児の保育所での受け入れの拡大や、延長保育の導入などが進められました。

＊16　**合計特殊出生率**
p.11を参照のこと。

＊17　**丙午**
p.12を参照のこと。

5　児童福祉法改正と子ども家庭福祉のこれから

要約 1990年代以降、児童福祉法および関連法制度の改正が続きます。家庭や地域の子育て力低下を受けて、子育て支援施策の充実が図られたほか、被虐待体験や発達障害がある子どもの増加に伴い、社会的養護の領域での改革等が行われました。

そして2016（平成28）年には、児童福祉法制定以来の大改正が行われ、今後のわが国の児童福祉にとって、大きな転換点となりました。2023（令和5）年4月からは、こども基本法の施行と同時にこども家庭庁が発足しました。子どもに関する施策は今後も変化していくことが予想されます。

①児童福祉法等の改正

1997（平成9）年、制定から50年を経て、児童福祉法が大幅に改正されました。保育所は措置制度から契約制度に切り替わり、保護者は自らの意思で希望する保育所を選択できるようになりました。また、社会的養護の分野では、施設名称が改められ、その目的に「児童の自立を支援する」ことが謳われました。

さらに1999（平成11）年、同法施行令により「保母」の名称が「保育士」に改められたほか、2000（同12）年には子ども虐待の禁止等を規定した「児童虐待の防止等に関する法律（児童虐待防止法）」が制定され、これ以降、多くの関連法が改正されました（表3－1）。

②子ども・子育て関連3法と新たな子育て支援施策

2012（平成24）年、総合的な子育て支援施策を展開し、子育て家庭を支援するため、「子ども・子育て関連3法（「子ども・子育て支援法」「認定こども園法の一部を改正する法律」「子ども・子育て支援法及び認定こども園法の一部を改正する法律の施行に伴う関係法律の整備等に関する法律」）」が制定されました。

具体的には、幼保連携型認定こども園の法的位置付けを改善し、質の高い

表3－1　児童福祉法と主な関連法について（改正の要点）

年	概要
1999(平成11)	・「保母」から「保育士」に名称変更
2001(平成13)	・保育士、名称独占資格として法定化
2004(平成16)	・乳児院、児童養護施設の措置年齢要件見直し ・子ども虐待（児童虐待）の通告対象拡大注1　ほか ・発達障害者支援法注2制定
2005(平成17)	・障害者自立支援法注3制定
2006(平成18)	・就学前の子どもに関する教育、保育等の総合的な提供の推進に関する法律（認定こども園法）注4制定
2008(平成20)	・乳児家庭全戸訪問事業、養育支援訪問事業の創設 ・強制措置児童への面会等制限強化
2011(平成23)	・民法改正（親権の一時停止制度創設） ・児童福祉施設の設備及び運営に関する基準（旧・児童福祉施設最低基準）制定
2012(平成24)	・障害者の日常生活及び社会生活を総合的に支援するための法律(障害者総合支援法)注5制定 ・子ども・子育て関連3法制定
2013(平成25)	・子どもの貧困対策の推進に関する法律注6制定
2022(令和4)	・こども基本法注7制定

注1：それまでの「虐待を受けた児童」から「虐待を受けたと思われる児童」に通告対象を拡大しました（p.125を参照）。
注2：自閉症、アスペルガー症候群その他の広汎性発達障害、学習障害、注意欠陥多動性障害（AD/HD）その他これに類する脳機能の障害を「発達障害」として規定しています。
注3：現在の障害者総合支援法。障害児施設に障害がある子どもの保護者による契約制度が導入され、施設利用料の原則1割を自己負担としたほか、市町村の障害担当窓口が一元化されました。
注4：p.67、p.89を参照のこと。「幼保連携型」など4つの認定こども園を規定しています。
注5：p.67、p.155を参照のこと。障害者自立支援法では対象外であった、難病児についてもサービスの利用対象としました。
注6：p.67、p.104を参照のこと。
注7：p.63を参照のこと。

幼児教育・保育の総合的提供を目指すほか、それを担う専門職種として、幼稚園教諭免許状と保育士資格を併有する「保育教諭」が創設されました。また、小規模保育へも給付を拡大し、保育の量的拡大を図るとしています（p.70、p.79、p.177 を参照）。しかし、慢性的な課題であるマンパワー不足は改善されておらず、2015（平成 27）年の調査時点で、保育士登録者数約 119 万人のうち、社会福祉施設等で保育士として従事していない「潜在保育士」は 80 万人近くに上ります。幼児教育・保育が労働環境としても魅力あるものとなるよう、待遇面の改善を図るとともに、専門職養成教育を充実させ、質の高いサービスを提供できるよう体制整備を進めることが急務といえます。

③児童福祉法の大改正とこれからの子ども家庭福祉

1946（昭和 21）年の制定以来、幾度となく改正を重ねてきた児童福祉法ですが、2016（平成 28）年には、同法制定以来の大改正が行われました。

この改正では、法の理念に関して、子どもの権利条約の精神をふまえたものに改められたほか、児童養護施設を中心とした社会的養護における養育について、家庭に近い環境での養育を推進する観点から、施設の小規模化、里親委託ならびに養子縁組の推進が謳われています。また、子ども虐待の発生予防と発生後の迅速な対応のため、児童相談所への専門職の配置など、近年の子ども家庭福祉が取り組んできた課題に対応した改正となっており、これからの子ども家庭福祉施策を進めるうえで、大きな前進となるものとなりました。

④こども基本法の施行とこども家庭庁の発足

2023（令和 5）年４月からこども基本法が施行されました。この法律は、こども施策を社会全体で総合的かつ強力に推進していくための包括的な基本法として制定されました。

また、同年度にはこども家庭庁が発足しました。こども家庭庁では、これまで内閣府や厚生労働省等に分散していたこども政策の司令塔機能を一本化し、こども政策について一元的に企画・立案・総合調整を行うとともに、結婚支援から、妊娠前の支援、妊娠・出産の支援、母子保健、子育て支援、こどもの居場所づくり、困難な状況にあるこどもの支援などの事務を集約して、自ら実施することとするなど、こども政策をさらに強力に進めていくこととしています。

このようなことから、子ども・子育てにかかわる施策等は今後も目まぐるしく変化していくことが予想されます。

【参考文献】
- 『レファレンス』第 53 巻第 12 号　国立国会図書館調査及び立法考査局　2003 年
- 神戸賢次・喜多一憲編『新選・児童家庭福祉　第 2 版』みらい　2014 年
- 『部落解放研究』第 133 号　部落解放・人権研究所　2000 年
- 『子ども社会研究』第 21 号　日本子ども社会学会　2015 年
- 『世界の児童と母性』第 75 号　資生堂社会福祉事業団　2013 年
- 『子ども学研究論集』第 6 巻　名古屋経営短期大学子ども学科子育て環境支援研究センター　2014 年

【参考ホームページ】
- Cross Currents「就学前教育とヘッドスタートプログラム（育児支援施策）」
http://www.crosscurrents.hawaii.edu/content.aspx?lang=jap&site=us&theme=school&subtheme=EDUSYST&unit=USSCHOOL005（2019 年 11 月 20 日閲覧）
- 和宗総本山四天王寺「四箇院制度」
http://www.shitennoji.or.jp/link.html（2019 年 11 月 20 日閲覧）

●学びを振り返るアウトプットノート

年　月　日(　)　第(　)限　学籍番号＿＿＿＿＿＿　氏名＿＿＿＿＿＿＿＿＿＿＿＿

✣ このChapterで学んだこと、そのなかで感じたこと（テーマを変更してもOK）

✣ 理解できなかったこと、疑問点（テーマを変更してもOK）

✣ TRYしてみよう ✣

1 1834年、イギリスで制定された新救貧法では、“救済される貧民の生活水準は、自力で生活する者のそれを上回ってはならない”とする「(　　　　　　)の原則」が謳われた。

2 1909年、アメリカで開催されたホワイトハウス会議では、「(　　　　)は文明の最高の創造物」として、子どもにとって家庭で生活することの重要性が主張された。

3 1989（平成元）年、日本では（　　　　　　　　）が1.57を記録し、かつての「ひのえうま」を下回ったことから、少子化問題がクローズアップされた。

コラム③ 歴史を学ぶ意義

福祉を学ぶ者がその歴史を学ぶ意義とは、どこにあるのでしょうか。

現代社会の子どもや家庭を取り巻く環境は、児童虐待の相談件数の増加や、貧困の広がりなど、厳しい状況にあります。こうしたなかで、例えば、親が何らかの事情で自分の子どもを育てることができないという状況を考えてみましょう。今日の日本では、親が子どもを育てることができない場合に、その家庭の子どもは児童養護施設等の施設に入所し、生活を送ることが一般化しています。しかし、施設等での子どもへの支援は昔から存在していたわけではありません。明治以前の社会全体で子どもを育てるという考え方が希薄だった時代には、山などへ子どもを棄(す)てる親も存在していました。

このような子どもたちを救済するための施設が本格的に誕生するのは明治以降になってからです。例えば、石井十次は、1887（明治20）年に、今日の児童養護に通じる施設となる岡山孤児院を設立し、小舎制による家庭的養護や里親への委託制度を導入しました。これが現在の児童養護施設の原形となっていますが、こうした先駆者たちが子どものための施設を設立するまでは、子どもの人権はほぼ無視された形となっていました。

このように見てみると、児童養護に関する施設にしても、歴史的な文脈のなかで誕生してきているということがいえます。それは、「今」の施設の状況を見ているだけでは見えてこない視点です。

子どもを虐待する親、貧しい環境に置かれている子どもや家庭は昔から存在していました。昔の子どもたちや家庭がどのような状況に置かれていて、それに対して、どのような救済制度がつくられ現在に至るのかを知ることが、現在の支援内容を考える際にとても重要になってきます。

歴史を学ぶことは、現在の制度や支援の現状、課題点を知り、子どもや家庭のための支援を見直すことにつながっていきます。先人たちが残した制度の良い部分は生かし、現代にそぐわないものは修正し、より良い支援の方法を模索していくことが、子どもや家庭への福祉に携わるすべての人に必要なことといえるでしょう。

参考文献：星野政明・石村由利子・伊藤利明編『全訂　子どもの福祉と子育て家庭支援』みらい　2015年 p.33

1 劣等処遇　2 家庭　3 合計特殊出生率

Chapter 4 子ども家庭福祉の法体系、行財政、機関・施設

●イメージをつかむインプットノート

Section 1 「子ども家庭福祉の法体系」のアウトライン

子どもと家族が幸せになるために日本国憲法をもとに多くの法律がつくられています(p.63)。

Keyword

- ☑ 日本国憲法
- ☑ 児童福祉法
- ☑ 政令・省令

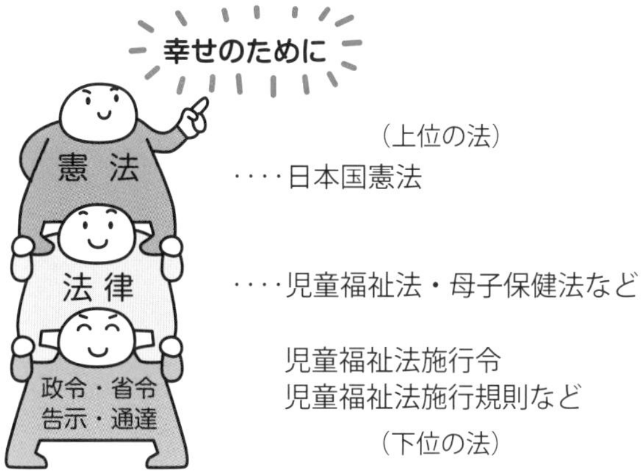

Section 2 「子ども家庭福祉に関する行財政」のアウトライン

法に基づいて子ども家庭福祉に関する施策や予算の策定などを行うのが行政機関です(p.68)。

Keyword

- ☑ こども家庭庁
- ☑ 財源
- ☑ 措置費
- ☑ 利用者負担

Section 3 「子ども家庭福祉の機関と施設」のアウトライン

地域住民の子ども家庭福祉を実践するためにさまざまな相談機関、施設があります(p.71)。

Keyword

- ☑ 児童相談所
- ☑ 福祉事務所
- ☑ 保健所
- ☑ 入所施設
- ☑ 通所施設
- ☑ 利用施設

Section 1 子ども家庭福祉の法体系

3分 Thinking

- 子どもや家族に関係する法律を見つけましょう（「児童」などの言葉がない法律のなかにも子どもや家族に関することが書かれてあります）。

1　法体系について

要約 私たちは虐待を受けたと思われる子どもを見つけたらそのままにしておくわけにはいきません。そんなとき私たちが行わなければならないことが法で決まっています。私たちが子どもたちの幸せのために活動しようとするとき、その活動を支えるための法があり、それにのっとって活動することになります。

①子ども家庭福祉を学ぶ人にとっての法

保育士資格等の資格を有し専門職として保育所や施設で子どもと関わる仕事をしようとするとき、それらの資格について規定しているのは法です。そして保育所や施設を規定しているのも法です。このように私たちの生活はさまざまな法により支えられています。

②法体系について

法とは国会の制定による成文法 *[1] だけでなく広く法規一般のことをいいます。法には順位があり、日本国憲法のもとに法がつくられています。上位法であるほど理念や概念を規定し対象範囲が広く、下位法は上位法の理念や概念の内容を具体的に規定し対象範囲は狭くなります。子どもや家庭の福祉の領域の基本となる法が児童福祉法です。

＊1　**成文法**
法には成文法と不文法があり、不文法の一つに慣習法があります。日本は成文法主義ですが、生活のすべての面を文章化できているわけではありませんので、それを補うものとして慣習法などがあります。

2　子ども家庭福祉に関する法律

要約 日本国憲法を基本にしてこども基本法や児童福祉法など子ども家庭福祉を支えるための法律があります。

①こども基本法（2022［令和 4］年制定）

これまで日本には子どもに関するさまざまな法律がありましたが、子どもを権利の主体とし、子どもの権利を保障する総合的な法律がありませんでした。そこでこども基本法が制定され、その第１条において「日本国憲法及び児童の権利に関する条約の精神にのっとり、次代の社会を担う全てのこどもが、生涯にわたる人格形成の基礎を築き、自立した個人としてひとしく健やかに成長することができ、心身の状況、置かれている環境等にかかわらず、その権利の擁護が図られ、将来にわたって幸福な生活を送ることができる社会の実現を目指して、社会全体としてこども施策に取り組むこと」と明記されました。この法律では「こども」について年齢で規定するのではなく心身の発達の過程にあるものとし、年齢による支援が途切れることがないようにしています。また教育や医療など子どもに関わるさまざまな取り組みを行うときに、基本的人権が守られ、等しく権利が保障されるとともに子どもの意見にも耳を傾けなければならないことも明記されました。そして子どもは家族とともに夢を持って家庭で育つことができるように支援し、もし家庭で暮らすことが難しい場合であっても家庭と同様な環境を確保することになりました。このように「こども基本法」は子どもや若者の意見を聴きながらすべての子どもや若者が幸せに暮らせる社会をつくるための法律です。

②児童福祉法（1947［昭和22］年制定）

第二次世界大戦が終わり戦後の混乱期のなか、子どもの保護だけでなく子どもの福祉のために児童福祉法が制定されました。

児童福祉法の理念を規定した第１条では「全て児童は、児童の権利に関する条約の精神にのつとり、適切に養育されること、その生活を保障されること、愛され、保護されること、その心身の健やかな成長及び発達並びにその自立が図られることその他の福祉を等しく保障される権利を有する」とあります。さらに児童育成の責任について、第２条では「全て国民は、児童が良好な環境において生まれ、かつ、社会のあらゆる分野において、児童の年齢及び発達の程度に応じて、その意見が尊重され、その最善の利益が優先して考慮され、心身ともに健やかに育成されるよう努めなければならない」（第１項）、「児童の保護者は、児童を心身ともに健やかに育成することについて第一義的責任を負う」（第２項）、「国及び地方公共団体は、児童の保護者とともに、児童を心身ともに健やかに育成する責任を負う」（第３項）とあります。そして第３条で「すべて児童に関する法令の施行にあたつて、常に尊重されなければならない」として第１・２条の規定を子どもの福祉を保障するための原理として、その尊重を明記しています。

本法は1997（平成９）年に保育所の利用にあたり措置制度から利用契約制度に変わるなどの大きな改正ののち、少子化への対応や児童相談体制の充実などを図るため、何度も改正されています。2016（同28）年の改正では、児童福祉の理念に児童の権利に関する条約の精神をふまえつつ、子どもが健全に育成されるための福祉の保障を明確にしたほか、子どもへの虐待の発生予防と対応のための体制強化が図られました。なお、この法律における「児童」とは満18歳に満たない者をいいます。

③児童扶養手当法（1961［昭和36］年制定）

児童扶養手当は、父母が離婚・行方不明などの理由により父または母がいない世帯、未婚による母子世帯、父または母が一定の障害の状態にある世帯に対して所得に応じて支給されます。

児童扶養手当を受給する「児童」は18歳に達する日以後の最初の3月31日までの間にある者、20歳未満で政令で定める程度の障害がある者をいいます。

④特別児童扶養手当等の支給に関する法律（1964［昭和39］年制定）

この法律は手当の支給により障害児・者の福祉の増進を図ることを目的に制定されました。手当には次の3つがあります *2。

特別児童扶養手当…精神または身体に障害を有する児童に支給
障害児福祉手当……精神または身体に重度の障害を有する児童に支給
特別障害者手当……精神または身体に著しく重度の障害を有する者に支給

この法律における「障害児」とは20歳未満であり、一定の障害の状態のあるものとされています。また「特別障害者」とは20歳以上で、一定の障害の状態のために常時特別の介護を必要とする人です。

＊2
手当額についてはp.156を参照のこと。

⑤母子及び父子並びに寡婦福祉法（1964［昭和39］年制定）

母子家庭の福祉増進を図ることを目的に母子福祉法として制定され、1981（昭和56）年に母子家庭と寡婦を対象とし、母子及び寡婦福祉法となりました。2002（平成14）年には父子家庭への支援も規定されました。そしてひとり親家庭への支援をさらに進めるために2014（同26）年に現題名に改称されました。なお、この法律における「児童」とは20歳に満たない者をいいます。

⑥母子保健法（1965［昭和40］年制定）

母性ならびに乳児および幼児の健康の保持、増進を図るために制定されました。母子保健法に基づいて母子健康手帳の交付、乳幼児健康診査、妊産婦あるいは保護者への保健指導、新生児および未熟児の訪問指導などを行っています。この法律における「乳児」とは1歳に満たない者をいい、「幼児」とは満1歳から小学校就学の始期に達するまでの者をいいます。

⑦児童手当法（1971［昭和46］年制定）

児童手当法は子どもを養育している者に児童手当を支給することにより生活の安定を図り、次代の社会を担う子どもの成長や発達を目的とするものです。制定当時は支給制限がありましたが、その後、対象年齢が義務教育終了までとなり、支給対象が第3子以降であったものが第2子、第1子となるなど、児童手当制度は改正されてきました*3。

2019（令和元）年現在の児童手当の支給月額は、3歳未満は一律1万5,000円、3歳から小学校修了までは、第1・2子の場合は1万円、第3子の場合は1万5,000円であり、中学生は一律1万円となります。なお、年収が所得限度を超える場合は月額5,000円となります。この法律における「児童」とは18歳に達する日以後の最初の3月31日までの間にある者です。

＊3　**児童手当制度の改正**
2010（平成22）年度、2011（同23）年度は、児童手当に代わる「子ども手当」が支給されましたが、2012（同24）年度からは、児童手当法に基づく「児童手当」が支給されています。

⑧児童虐待の防止等に関する法律（児童虐待防止法：2000［平成12］年制定）

子どもへの虐待が大きな問題となったことから、①児童虐待の定義、②児童虐待の予防および早期発見、③国や地方公共団体の責任、④虐待を受けた子どもの保護と自立支援等、子どもの権利擁護のために制定されました。制定後、児童虐待防止対策の強化のために改正を重ねています。

この法律における「児童」とは満18歳に満たない者をいいます。また「保護者」とは親権を行う者、未成年後見人その他の者で、児童を現に監護するものをいいます。

⑨少子化社会対策基本法（2003［平成15］年制定）

わが国の急速な少子化は将来の国民生活に深刻かつ多大な影響を及ぼすことから少子化社会対策の基本理念を明らかにし、対処するための施策を総合的に推進するために制定されました。

⑩次世代育成支援対策推進法（2003［平成15］年制定）

次代の社会を担う子どもが健やかに生まれ、育成するための社会全体の取り組みを示すこと等を目的に制定されました*4。育成支援の基本理念を定め、地方公共団体および事業主の行動計画の策定が義務付けられています。

＊4
本法は2015（平成27）年3月31日までの時限立法でしたが、子どもが健やかに生まれ育成される環境をさらに改善するために10年間延長されました（2025［令和7］年3月末まで）。

⑪障害者総合支援法（2005［平成 17］年制定）

障害がある人（子どもも含む）がその能力や適性に応じて自立した社会生活ができるように福祉サービスにかかる給付やその他の支援を行い、障害がある人の福祉の増進を図ることを目的に制定されました。当初、「障害者自立支援法」として制定されましたが、2012（平成 24）年に現題名に改称されました。正式には「障害者の日常生活及び社会生活を総合的に支援するための法律」といいます。

⑫認定こども園法（2006［平成 18］年制定）

小学校就学前の子どもの教育や保育に対する需要が多様なものになっていることに鑑み、地域における創意工夫を生かしつつ、小学校就学前の子どもに対する教育や保育、保護者に対する子育て支援の総合的な提供を推進するための措置を講じ、地域において子どもが健やかに育成される環境の整備に資することを目的に制定されました。

この法律により幼稚園と保育所を一体化した認定こども園が規定されました。なお、正式には「就学前の子どもに関する教育、保育等の総合的な提供の推進に関する法律」といいます。

⑬子ども・子育て支援法（2012［平成 24］年制定）

急速な少子化の進行、家庭や地域を取り巻く環境の変化に鑑み、児童福祉法などの子どもに関する法律による施策とともに、子ども・子育て支援給付やその他の支援を行い、子どもが健やかに成長することができる社会を実現することを目的に制定されました。この法律における「子ども」とは 18 歳に達する日以後の最初の3月 31 日までの間にある者をいいます。

⑭子どもの貧困対策の推進に関する法律（2013［平成 25］年制定）

貧困状態にある子どもの増加により、子どもの将来がその生まれ育った環境によって左右されることない社会の実現を目指すために制定されました。この法律は教育の支援、生活の支援、就労の支援、経済的支援等を講じ子どもが健やかに育成される環境を整備するためのものです。

Section 2 子ども家庭福祉に関する行財政

3分 Thinking

- あなたがこれまで生きてきたなかで、国や地方公共団体のどのような支援がありましたか。

1　子ども家庭福祉の行政

要約 子ども家庭福祉のための法が規定されていますが、それを実際に行うのが行政機関です。行政機関には国と地方公共団体があり、それぞれ業務を分担しています。

①国における子ども家庭福祉行政

わが国は少子化の問題、児童虐待の増加などさまざまな子どもや家庭に関する課題が山積しています。このような課題に対してこれまで国の子ども家庭福祉行政は主に厚生労働省が行っていました。また内閣府の子ども・子育て本部なども子どもに関する施策を行うなど、施策ごとにさまざまな省庁が別々に対応していました。そこで子どもが安全で安心して暮らせるための子ども政策の統括的リーダーとして 2023（令和 5）年４月にこども家庭庁が発足し、各省庁の子どもに関する業務を移管しました。

こども家庭庁は内閣府の外局として設置され、主な組織として子ども政策の企画立案・総合調整を行う長官官房、母子保健や文部科学省とともに就学前の子どもの教育・保育内容などを考える成育局、児童虐待の防止や社会的養護の充実などを行う支援局があります。

②地方における子ども家庭福祉行政

都道府県は全県下あるいはいくつかの市町村を包括するような広域の福祉事業を実施したり、市町村への助言、支援、指導を行ったりします。都道府県には社会福祉行政のために福祉部といった知事部局が置かれ、そのなかに子ども家庭福祉のための児童家庭課等が設けられています。知事部局では都道府県における児童福祉の事業の企画、予算策定を行うとともに、児童福祉施設の認可や指導監督なども行います。そのほか、都道府県の機関として、福祉事務所、児童相談所、保健所などがあります。

政令指定都市もほぼ都道府県と同様の権限や機関を持っています。また中核市においても都道府県と同様の権限をいくつか持っています。

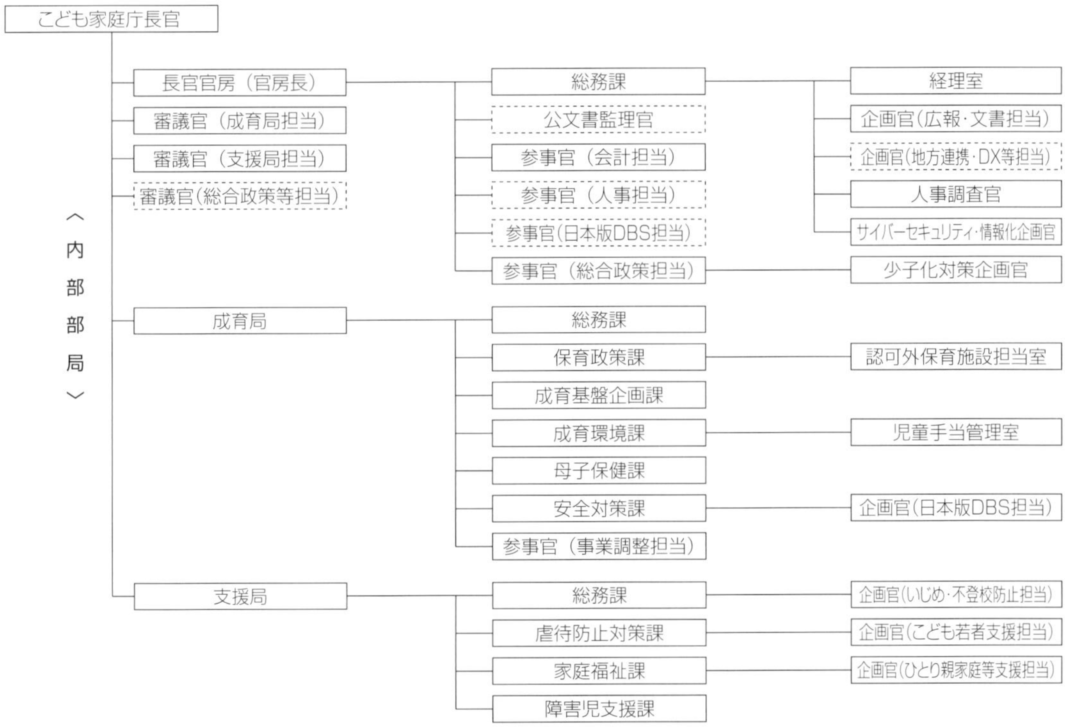

図４－１　こども家庭庁組織図

出典：こども家庭庁「こども家庭庁組織図概要」を一部改変
https://www.cfa.go.jp/assets/contents/node/basic_page/field_ref_resources/7e61aa5c-b18a-4711-85c4-c28d6822c7eb/e713a82b/20230328_about_r5_soshiki_gaiyou_01.pdf（2023 年 7 月 12 日閲覧）

市町村にも都道府県と同じように子ども家庭福祉に必要な部課が置かれています。市町村は最も身近な行政機関として住民への直接的なサービスを提供します。具体的には乳幼児健康診査、子育て支援事業、保育所の設置運営、さまざまな相談対応といったものです。さらには、2004（平成 16）年の児童福祉法改正により市町村は児童相談所に代わり、子どもに関する相談の第一義的窓口として位置付けられています。

2　子ども家庭福祉の財政と費用負担

要約 ▶ 子ども家庭福祉を実際に行うための機関・施設がたくさんありますが、そういった機関・施設が活動するためには財源が必要です。国や地方公共団体が行う事業・子ども家庭福祉サービスを整備するためには公費が用いられます。

これらの事業・サービスの利用にあたっては、利用料を負担する必要があるものもあります。

①子ども家庭福祉を支える財源と財政

国や地方公共団体は子ども家庭福祉のための財源を確保し、さまざまな施策、事業を行うために必要な費用を支出します（表4－1）。それらの事業を行うにあたり国と地方公共団体の負担割合が定められています。国における児童家庭福祉関係費の主な支出項目は児童保護措置費、社会福祉施設等施設整備費などです。また、地方公共団体の主な財源は国から支出される地方交付税交付金、国庫補助金等です。地方交付税交付金は一般財源であり、その使途は地方公共団体の裁量に任されます。国庫補助金等は特定の目的のために予算化されているため使途は限定されます。

②児童福祉施設等措置費

行政機関が児童福祉施設等に子どもを入所させるといったことを措置といいます。子どもが利用する児童福祉施設を運営するために必要な経費として国や地方公共団体から支払われるものが措置費です。措置費は利用者の一般生活費、給食費、教育費といった事業費と、施設職員の人件費といった事務費に分けられます（図4－2）。また利用者は世帯状況に応じて措置権者に負担金を支払います。

表4－1　国・地方公共団体の負担割合（児童福祉施設の場合）

経費の種別	措置等主体の区分	児童等の入所先等の区分	措置費等の負担区分		
			国	都道府県	市町村
母子生活支援施設及び助産施設の措置費等	市及び福祉事務所を管理する町村	都道府県立施設	1/2	1/2	
		市町村立施設及び私立施設	1/2	1/4	1/4
	都道府県、指定都市、中核市	都道府県立施設、市町村立施設及び私立施設	1/2	1/2	
その他の施設、里親の措置費等	都道府県、指定都市、児童相談所設置市	都道府県立施設、市町村立施設及び私立施設	1/2	1/2	
一時保護所の措置費等	都道府県、指定都市、児童相談所設置市	児童相談所（一時保護施設）	1/2	1/2	

出典：神戸賢次・喜多一憲編『新選・児童の社会的養護原理』みらい　2011年　p.205

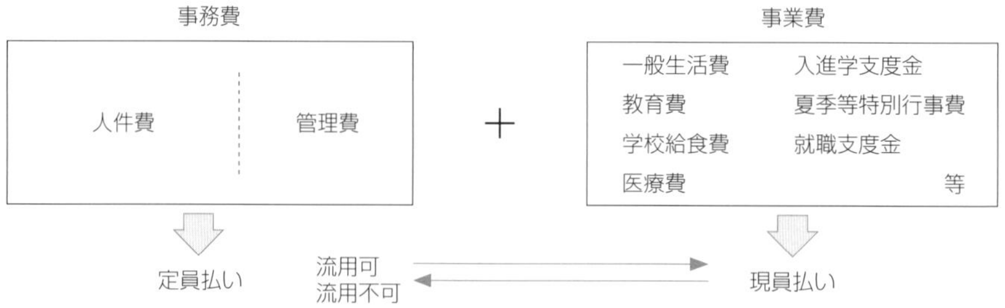

図4－2　措置費の種類と支弁方式

出典：小池由佳・山縣文治編『社会的養護　第3版』ミネルヴァ書房　2016年　p.156

③保育所等における利用方式

2015（平成27）年度の子ども・子育て支援新制度の施行により給付方法が、保育所、認定こども園、幼稚園に対する「施設型給付」と、少人数で行われる小規模保育事業等への「地域型保育給付」によるものへと変わりました。施設型給付費と地域型保育給付費の額は、国が定める公定価格から利用者負担額を差し引いたものでした。

2019（令和元）年度に子ども・子育て支援法が一部改正され、これまで保育所、認定こども園、幼稚園、小規模保育事業等を利用した際に保護者が負担していた費用（利用者負担額）が無償化されました。無償となった対象は、３歳から５歳まで（小学校就学前まで）の子どもと０歳から２歳までの住民税非課税世帯の保育の必要な子どもで、市町村の認定を受けたものです。これらの給付に要する費用については原則、国が２分の１、都道府県が４分の１、市町村が４分の１を負担します（p.86参照）。

Section 3 子ども家庭福祉の機関と施設

3分 Thinking

• あなたの周りにある子どものための場所を見つけてください。そこは子どもが入所して生活しているところですか、通っているところですか。

1　子ども家庭福祉の機関

要約　子ども家庭福祉を実際に行う機関として、児童相談所、福祉事務所、保健所・市町村保健センターなどがあります。これらは地域住民が相談窓口として利用できます。

①児童相談所

児童相談所は児童福祉法に基づいて設置されています。都道府県と政令指定都市には必置義務があり、中核市と政令で定める市にも設置することができます[*5]。最近は「子ども相談センター」「子ども家庭センター」「児童福祉総合センター」といった名称を使っているところもあります。

児童相談所の主な業務は以下のようなものです。

・子どもに関して、家庭その他からの専門的な相談に応ずること
・子どもおよびその家庭について、必要な調査、判定を行うこと

＊5
2016（平成28）年の児童福祉法の改正により、政令で定める市のなかに特別区も含まれることになりました。

・調査、判定に基づき必要な指導を行うこと
・子どもを一時保護すること
・保護を要する子どもを施設に入所させること

先述したように、2004（平成16）年の児童福祉法の改正により、市町村は児童相談所に代わり、子どもに関する相談の第一義的窓口として位置付けられましたが、これは、児童虐待相談件数の増加とともに早急な対応が必要な事例も多くなったためです。そのため、児童相談所は児童家庭福祉の中核的・専門的な機関として、市町村を支援しながら専門性を要する相談を行うこととなりました。専門機関としての児童相談所には、社会調査を行う児童福祉司、子どもの心理診断、心理治療を行う児童心理司、一時保護所などで活動する保育士のほか、精神科医や小児科医もいます。

2016（平成28）年の児童福祉法の改正では相談体制の強化を図るために、ほかの児童福祉司を指導・教育するスーパーバイザーを配置することや、法律に関する知識経験を必要とする業務を円滑に行うために弁護士またはこれに準ずる配置を行うこととなりました。さらに児童相談所の権限が強化され、臨検・捜索は保護者が立ち入り調査を拒んだ場合、再出頭要求を経なくても裁判所の許可により実施できることになりました。

さらに、2019（令和元）年の児童福祉法、児童虐待防止法の改正では、一時保護等の介入的対応を行う職員と保護者支援を行う職員を分けることになりました。また児童相談所には常時弁護士を配置できるようにするとともに医師や保健師の配置を義務化するなど体制が強化されました。ほかにも、子どもが管轄外の地域に転居した場合、転居先の児童相談所に速やかに情報提供し支援するといった連携を強化することになりました。

②福祉事務所（家庭児童相談室）

福祉事務所は福祉全般にわたる援護、育成または更生の措置に関する業務を総合的に行う福祉行政機関です。福祉事務所の主な仕事として生活保護に関する業務があります。福祉事務所にはケースワークを行う現業員や現業員を指導監督する査察指導員がいます。福祉事務所の設置は、町村は任意ですが、ほかの地方公共団体は必置義務があります。また、多くの福祉事務所に家庭児童相談室が設置されています。家庭児童相談室では子どもや家庭に関する相談を受けたり、家庭を訪問したり、必要な情報を提供したりするなどさまざまな活動をしています。

③保健所・市町村保健センター

保健所は地域保健法に基づき、都道府県、政令指定都市、中核市、その他

の政令で定める市または特別区等に設置されています。保健所は地域住民の健康の保持・増進のために生活環境の衛生、疾病予防などの公衆衛生に関わる業務を行っています。保健センターは、より地域住民の身近なところでの保健サービス活動の拠点として1994（平成6）年から市町村に設置できるようになりました。

2　児童福祉施設

要約 児童福祉施設には児童養護施設のような子どもたちが生活する入所施設、児童発達支援センターのような療育に通う通所施設、児童館のような好きなときに行ける利用施設があります。なお、入所施設のなかには通所機能を持つものもあります。

子どもの健やかな成長と権利を保障するために子ども家庭福祉に関わる施設が児童福祉法（第7条第1項）に定められています。

①入所施設

○助産施設

経済的理由により入院助産を受けることができない妊産婦を入所させて助産を行います。

○乳児院

乳児（特に必要のある場合は幼児も含む）を入院させ養育するとともに退院した人について相談・援助を行います。

○母子生活支援施設

母子を入所させ保護するとともに、自立のために生活を支援します。そして退所した人への相談・援助を行います。

○児童養護施設

保護者のない子どもや虐待されている子どもその他の環境上養護を要する子どもを入所させて、養護し、併せて退所した人への相談やその他の自立のための援助を行います。

○児童心理治療施設（旧・情緒障害児短期治療施設）

家庭環境、学校での交友関係などの環境上の理由により社会生活への適応が困難な子どもを短期間入所させたり、保護者のもとから通わせたりして、社会生活に適応するために必要な心理治療や生活指導を行うとともに、退所した人への相談やその他の援助を行います。

○児童自立支援施設

不良行為をしてしまった、またはするおそれのある子ども、家庭環境その他の環境上の理由により生活指導等を要する子どもを入所させ、または保護者のもとから通わせて、個々の子どもの状況に応じて必要な指導をし、その自立を支援します。併せて退所した人への相談その他の援助を行います。

○障害児入所施設

障害がある子どもを入所させて、保護、日常生活の指導、独立自活に必要な知識技能を与える施設であり、専門医療の提供の有無により福祉型と医療型に区分されます。

②通所施設

○保育所

保育が必要な乳児・幼児を保護者のもとから通わせ保育を行います。

○幼保連携型認定こども園

幼稚園と保育所の機能を併せ持ち、教育と保育を一体的に行います。

○児童発達支援センター

地域のなかで障害のある子どもへの支援の中核的役割を担う施設です。障害児を保護者のもとから通わせ、日常生活における基本的動作の指導、独立自活に必要な知識技能を与え、集団生活への適応のための訓練等を行います。

③利用施設

○児童厚生施設

児童遊園、児童館等を利用する子どもに健全な遊びを与えて、その健康を増進し情操を豊かにするための施設です。

○児童家庭支援センター

家庭などからの地域の子どもの福祉に関するさまざまな相談に応じ、必要な助言、指導を行うとともに、児童相談所、児童福祉施設等との連絡調整、援助を総合的に行います。

○里親支援センター

里親の普及啓発、里親や委託児童等に対する相談支援を行う施設です。里親委託に向けて子どもと里親の交流の場を提供したりします。また里親の選定・調整、委託児童等の養育の計画作成などの里親支援事業も行います。

【参考文献】

- ●櫻井奈津子編『保育と児童家庭福祉　第２版』みらい　2016 年
- ●山縣文治編『よくわかる子ども家庭福祉　第９版』ミネルヴァ書房　2014 年
- ●吉田眞理『児童の福祉を支える児童家庭福祉　第３版』萌文書林　2016 年

●学びを振り返るアウトプットノート

年　月　日(　)　第(　)限　　学籍番号＿＿＿＿＿　　氏名＿＿＿＿＿＿＿＿＿＿

✣ この Chapter で学んだこと、そのなかで感じたこと（テーマを変更しても OK）

✣ 理解できなかったこと、疑問点（テーマを変更しても OK）

✣ TRYしてみよう ✣

1 すべての子どもや若者が将来にわたって幸せに暮らせるように、日本国憲法及び児童の権利に関する条約の精神にのっとった（　　　　　　）が 2022（令和4）年に制定された。

2 2023（令和5）年に発足した（　　　　　　）はわが国の子ども家庭福祉行政に関する政策の統括リーダー的な機関である。

3 児童福祉法に基づき設置される（　　　　　　）では、子どもに関する専門的な相談等に応じ、必要な場合には子どもを保護し、里親委託や児童福祉施設入所措置などを行う。

○ コラム④ 労働法を学ぶ意義と労働組合の役割 ○

みなさんは子ども家庭福祉の現場でどのように仕事をしたいでしょうか。

そう考えてみると、子ども家庭福祉を学ぶみなさんにとっても「労働は専門外」ではなくなりますね。労働法（労働基準法や労働組合法など労働に関するいくつかの法律のこと）は例外や数字がたくさんあって難しいですが､学ぶ意味はちゃんとあります。みなさんのように「子どものために働きたい」「長く働き続けたい」「やりがいを持って働きたい」と思っている人は、生活できる給料をもらい、身体を壊さないような適切な労働時間で働く必要があります。その基準やルールを決めているのが労働法なので、働くためには労働法に関する知識を持っていた方が良いです。残念ながら福祉の現場では労働条件から離職する人も多いのですが、労働法を知っていれば、その労働条件を良くするための方法がわかります。

労働法を知っているとさらに良いことがあります。子どもの生活条件は保護者等の大人の生活条件、つまり労働環境によって大きく左右されます。特に低賃金と長時間労働、その背景にある非正規労働は大人の心と身体を大きく蝕み、子どもの生活を不安定にします。労働法を知っていれば、子どもの周りにいる大人の辛さとその原因、そして解決の方向性を理解することができます。理解ができれば心に余裕を持って接して､共感することができますよね。

そこで役に立つのが労働組合です。労働組合とは働く人がつくるサークルのようなもので、仕事の悩みや職場の労働条件をどうするかなどを話し合うものです。経営者は労働組合との話し合いを断ってはいけないと法律で決められているので、労働条件や職場環境、働き方の改善を訴え、一緒に話し合うことができます。労働組合に入れば仕事が辛くても一人で悩まなくてもよいですし、仕事を辞めずに改善することができるのです。

それだけではありません。労働組合はさまざまな職場・業種にあり、また、職場の枠を超えた人間関係をつくることができます。困難を抱えた大人ほど子どもと一緒に孤立してしまう傾向がありますが、労働組合は良好な人間関係の構築を重視しているので、人と人とのつながりによってひとりぼっちになることを防ぎます。立場を超えて一緒に話し合うことで、子どもの周りの大人たちの辛さを和らげ、共同で課題に向かい合うことができるかもしれません。

労働組合は職場によってあるところとないところがありますし、あってもしっかりと機能していないところもあります。そういう場合は、「保育ユニオン」や「福祉ユニオン」、あるいは若者向けの「青年ユニオン」といった、職場に関係なく一人でも仲間に入れてくれる労働組合がありますので、ぜひ探して声をかけてみてください。みなさんの仕事と人生を、きっと応援してくれますよ。

Chapter 5 子育て支援・次世代育成支援と保育施策

●イメージをつかむインプットノート

Section 1 「子育て支援と次世代健全育成施策」のアウトライン

「1.57 ショック」を機に始まったわが国の少子化対策は、さまざまな施策を経て、現在、子ども・子育て支援新制度に基づき行われています。そして、すべての子どもの成長を温かく見守り、支えることができる社会が目指されています（p.78）。

Keyword

- ☑ 少子化
- ☑ 子どもの貧困
- ☑ 子育て支援
- ☑ 子ども・子育て支援新制度
- ☑ 健全育成
- ☑ 公的責任

Section 2 「保育施策」のアウトライン

子ども・子育て支援新制度で掲げられた、地域における幼児期の学校教育・保育の場の整備・普及状況について確認し、待機児童問題とその対策について学びます（p.84）。

Keyword

- ☑ 保育の必要性
- ☑ 幼児期の学校教育・保育の場
- ☑ 施設型給付
- ☑ 地域型保育給付
- ☑ 待機児童

保育士の活躍の場は広がっています

Section 1 子育て支援と次世代健全育成施策

3分 Thinking

• 自分自身が子育てするときに、どんなことが不安になるか考えてみましょう。そしてその不安は誰がどう解決すべきか考えてみましょう。

1　子育て支援施策（少子化対策）

要約 自己責任が強調される現代社会のなかで、子育て世代は周囲から孤立した状態であり、家族のあり方も多様化しています。このような子育て家庭を支えるため、また少子化問題に対処するため、わが国では、子ども・子育て支援法等に基づく子ども・子育て支援新制度、少子化社会対策基本法に基づく大綱を定めています。

①子育てに不寛容な社会―日本の現状―

みなさんは、電車のなかで駄々をこねて泣いている幼児を見たらどう感じるでしょう。バスのなかで妊婦さんを見かけたとき、どう思うでしょう。

今日のわが国の子育て環境は好ましいとはいえない状況です。例えば、妊婦さんが付けている「マタニティマーク」*1を見て、「これ見よがしで不愉快だ」と言う人がいます。公共交通機関でベビーカーを使用している親に対して「ジャマだ」と言う人がいます。電車のなかで幼児が泣いていたら「早く黙らせるのが親の仕事」と言わんばかりににらんでくる人がいます。

こうした子育てに対する社会の不寛容には、さまざまな要因が考えられます。そのなかでやはり大きいのは少子化の進展でしょう。あまりにも子どもの数が減ってしまって、かつて自然に見ることができた子どもの姿が地域から見えなくなってしまったのです。人は見えないものに共感したり、協力しようという気持ちになるのは難しかったりするものです。子どもの泣き声や姿そのものが「迷惑」なものとして捉えられる、そんな現状があります。

それでなくとも現在、子育て真っ最中の夫婦のなかには、就職氷河期を経験している人もいます。大学・短大を卒業してもなかなか正社員になれず、非正規で働くことを余儀なくされた人たちの多い“ロストジェネレーション”と呼ばれる世代です。周囲の理解や協力が得にくく、かつ経済的にも苦しいなかでの子育てが続いています。近年注目を集める「子どもの貧困」も、突き詰めていえば「子育て世代の貧困」と言い換えることができるでしょう。

＊1　**マタニティマーク**

厚生労働省によると、「妊産婦が交通機関等全般を利用する際に身に付け、周囲が妊産婦への配慮を示しやすくするもの」、また「交通機関、職場、飲食店、その他の公共機関等が、その取組や呼びかけ文を付してポスター等として掲示し、妊産婦にやさしい環境づくりを推進するもの」とされています。

このように苦しいなかで子育てをしている人たちを含め、20代、30代の新米ママ・パパたち、これから子どもをほしいと願っている人たちに「子育ては自己責任だ」「もっと計画的に子どもをつくれ」「社会に迷惑をかけるな」と突き放すことは簡単です。しかし、そうすることで少子化に歯止めをかけることはできるでしょうか。ますます子育てしにくい社会となってしまうでしょう。適切な法制度を整備し、子育て世帯を支えていくことは、この社会を維持・発展させていくうえでも大切なことです。

②わが国の少子化対策

わが国の少子化は「1.57ショック」(p.11を参照) 以降に、もっぱら人口問題として社会問題化しました。これを起点とし、1994 (平成6) 年に今後10年間に取り組むべき方向性を示した「エンゼルプラン」が策定されました。しかしこれ以降も少子化は止まりませんでした。5年後には「新エンゼルプラン」で、これまでの施策の見直しや緊急保育対策の再検討が行われました。2003 (同15) 年には「次世代育成支援対策推進法」「少子化社会対策基本法」が制定されました。

2004 (平成16) 年には、少子化社会対策基本法をもとに、少子化対策の集中的な取り組みを行うことを目的とした「少子化社会対策大綱」が閣議決定されました。こうしたなかでも、合計特殊出生率は2005 (同17) 年には過去最低となる1.26を記録します。また、この年は日本で初めて死亡数が出生数を上回った年でもあります。その後、男性の育児参加を促す意味も込めた「仕事と生活の調和 (ワーク・ライフ・バランス) 憲章」(2007 (同19) 年)、保育所の不足を解消するための「新待機児童ゼロ作戦」(2008 (同20) 年) の策定等を経て、2010 (同22) 年には「子ども・子育てビジョン (少子化社会対策大綱)」と「子ども・子育て新システム検討会議」が始まりました。

2012 (平成24) 年には「子ども・子育て関連3法」が成立し、これらに基づく子ども・子育て支援新制度 (以下「新制度」) が2015 (同27) 年度から本格実施をされています。また、同年には第3次少子化社会対策大綱が決定されました。この大綱では、「第一子出生後の女性の就業継続率」「男性の育児休業取得率」など個別に数値目標を設定し、よりきめ細かな対策が目指されています。

2017 (平成29) 年3月には、保育・介護分野の処遇改善や男性の育児・介護への参加促進がうたわれた「働き方改革実行計画」が示されました。また、同年6月には2020(令和2)年度末までの待機児童の解消等を盛り込んだ「子育て安心プラン」が公表され、同年12月には、幼児教育の無償化などが盛り込まれた「新しい経済政策パッケージ」が公表されました。2020(令和2)

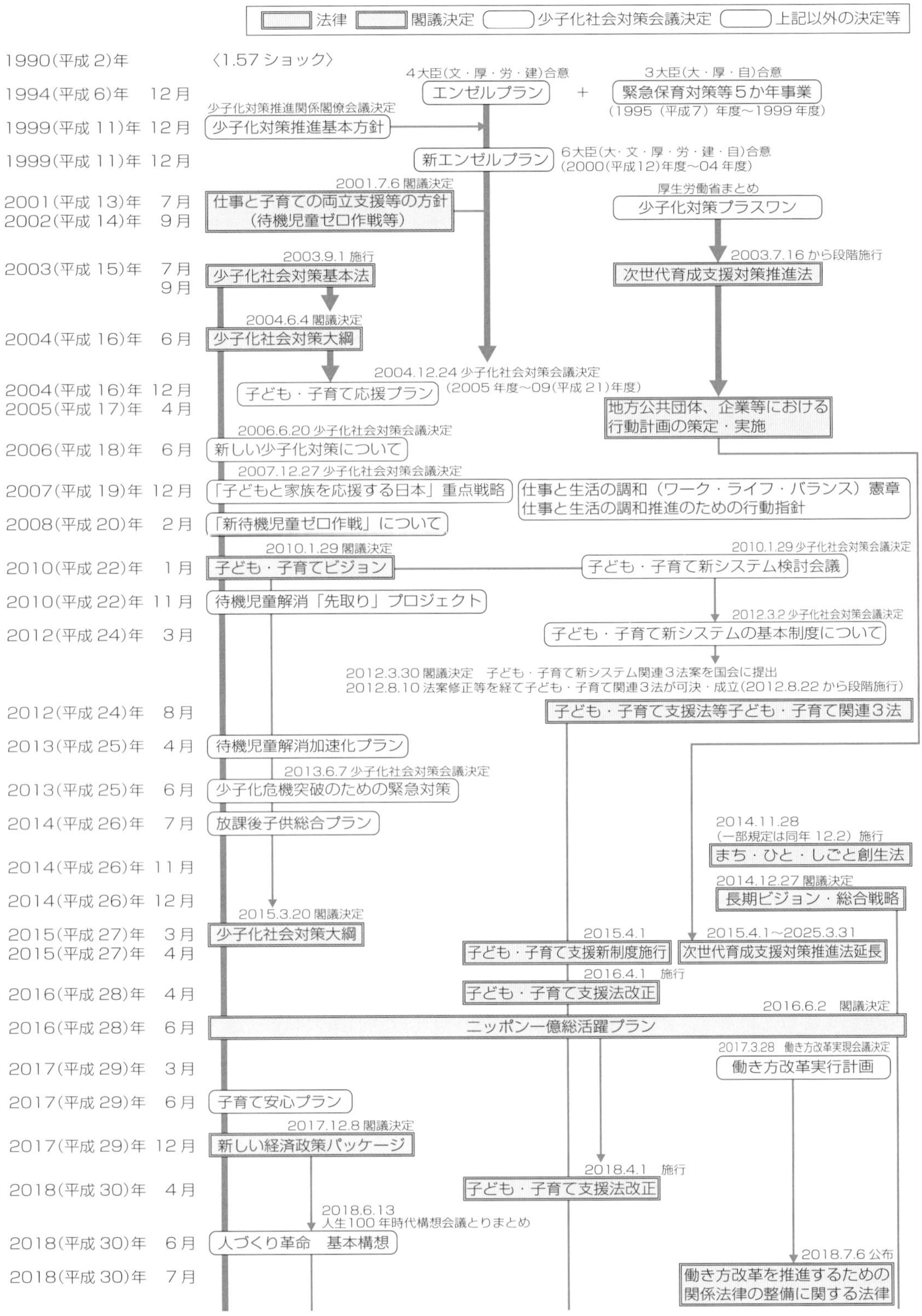
法律
閣議決定
少子化社会対策会議決定
上記以外の決定等
1990(平成 2)年
〈1.57 ショック〉
4大臣(文・厚・労・建)合意
3大臣(大・厚・自)合意
1994(平成 6)年 12月
エンゼルプラン
+
緊急保育対策等5か年事業
(1995(平成7)年度~1999年度)
少子化対策推進関係閣僚会議決定
1999(平成 11)年 12月
少子化対策推進基本方針
1999(平成 11)年 12月
新エンゼルプラン
6大臣(大・文・厚・労・建・自)合意
(2000(平成12)年度~04年度)
2001.7.6 閣議決定
厚生労働省まとめ
2001(平成 13)年 7月
2002(平成 14)年 9月
仕事と子育ての両立支援等の方針
(待機児童ゼロ作戦等)
少子化対策プラスワン
2003.9.1 施行
2003.7.16 から段階施行
2003(平成 15)年 7月
9月
少子化社会対策基本法
次世代育成支援対策推進法
2004.6.4 閣議決定
2004(平成 16)年 6月
少子化社会対策大綱
2004.12.24 少子化社会対策会議決定
(2005年度~09(平成21)年度)
2004(平成 16)年 12月
2005(平成 17)年 4月
子ども・子育て応援プラン
地方公共団体、企業等における
行動計画の策定・実施
2006.6.20 少子化社会対策会議決定
2006(平成 18)年 6月
新しい少子化対策について
2007.12.27 少子化社会対策会議決定
2007(平成 19)年 12月
「子どもと家族を応援する日本」重点戦略
仕事と生活の調和(ワーク・ライフ・バランス)憲章
仕事と生活の調和推進のための行動指針
2008(平成 20)年 2月
「新待機児童ゼロ作戦」について
2010.1.29 閣議決定
2010.1.29 少子化社会対策会議決定
2010(平成 22)年 1月
子ども・子育てビジョン
子ども・子育て新システム検討会議
2010(平成 22)年 11月
待機児童解消「先取り」プロジェクト
2012.3.2 少子化社会対策会議決定
2012(平成 24)年 3月
子ども・子育て新システムの基本制度について
2012.3.30 閣議決定 子ども・子育て新システム関連3法案を国会に提出
2012.8.10 法案修正等を経て子ども・子育て関連3法が可決・成立(2012.8.22 から段階施行)
2012(平成 24)年 8月
子ども・子育て支援法等子ども・子育て関連3法
2013(平成 25)年 4月
待機児童解消加速化プラン
2013.6.7 少子化社会対策会議決定
2013(平成 25)年 6月
少子化危機突破のための緊急対策
2014(平成 26)年 7月
放課後子供総合プラン
2014.11.28
(一部規定は同年12.2)施行
2014(平成 26)年 11月
まち・ひと・しごと創生法
2014.12.27 閣議決定
2014(平成 26)年 12月
長期ビジョン・総合戦略
2015.3.20 閣議決定
2015(平成 27)年 3月
少子化社会対策大綱
2015.4.1
2015.4.1~2025.3.31
2015(平成 27)年 4月
子ども・子育て支援新制度施行
次世代育成支援対策推進法延長
2016.4.1 施行
2016(平成 28)年 4月
子ども・子育て支援法改正
2016.6.2 閣議決定
2016(平成 28)年 6月
ニッポン一億総活躍プラン
2017.3.28 働き方改革実現会議決定
2017(平成 29)年 3月
働き方改革実行計画
2017(平成 29)年 6月
子育て安心プラン
2017.12.8 閣議決定
2017(平成 29)年 12月
新しい経済政策パッケージ
2018.4.1 施行
2018(平成 30)年 4月
子ども・子育て支援法改正
2018.6.13
人生100年時代構想会議とりまとめ
2018(平成 30)年 6月
人づくり革命 基本構想
2018.7.6 公布
2018(平成 30)年 7月
働き方改革を推進するための
関係法律の整備に関する法律

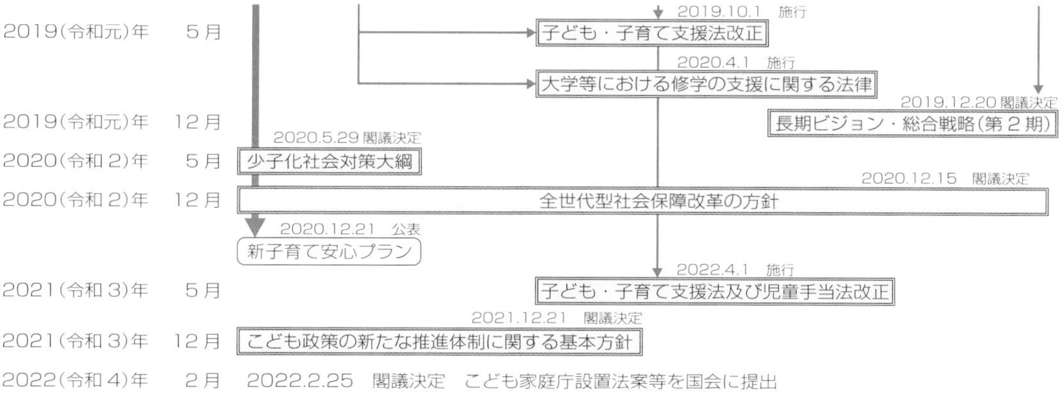

図5－1　わが国の少子化に関する閣議決定等の変遷

出典：内閣府『令和4年版少子化社会対策白書』日経印刷　pp.48-49

年には、第4次少子化社会対策大綱が閣議決定されました。また保育の受け皿整備のために新子育て安心プランが発表されました。2023（令和5）年には、「異次元の少子化対策」の一つとして「こども誰でも通園制度（仮称）」の創設が発表されました（図5－1）。2023（令和5）年12月には、こども基本法に定められている6つの基本理念に則った、「こども大綱」と、今後の施策を示す「こども未来戦略」が公表されました。

このように、近年政府は立て続けに少子化対策・子育て支援策を打ち出して少子化に歯止めをかけようとしています。しかし、提供されるサービスは多彩になってきましたが、体系的になっていません。なにより、子育て世帯の経済的な苦しさや、子育てにお金がかかる社会構造が改善されたとはいえません。

したがって、幼児教育・保育の専門家には、新しく打ち出される政策をしっかり理解し、そしてそれが子育て世帯の暮らしにどのような影響を与えるか冷静に見極める視点が求められます。

③子ども・子育て支援新制度に基づく地域の実情に応じた子育て支援

新制度は、2015（平成27）年度に消費税増税分を財源として充てる形でスタートしました。市町村は「市町村子ども・子育て支援事業計画」[*3]を策定し、質・量の両面から子育て支援を充実させることが求められるようになりました。子ども・子育て支援給付[*4]の創設、認定こども園の普及（p.85を参照）といった柱に加え、翌2016（同28）年度からは、仕事と子育て両立支援を新たな柱に掲げて取り組まれています（図5－2）。

ここでは、新制度において、地域の実情に応じた子育て支援として位置付けられている「地域子ども・子育て支援事業」について取り上げます。

＊2
こども大綱は、これまで別々に作成・推進されてきた、少子化社会対策基本法、子ども・若者育成支援推進法及び子どもの貧困対策の推進に関する法律に基づく3つのこどもに関する大綱を一つ束ね、こども施策に関する基本的な方針や重要事項等を一元的に定めるものとなっています。

＊3　**市町村子ども・子育て支援事業計画**
教育・保育および地域の子ども・子育て支援事業の提供体制の確保等、子ども・子育てに関する事業の円滑な実施に向けて、市町村が策定する計画です（子ども・子育て支援法第61条）。

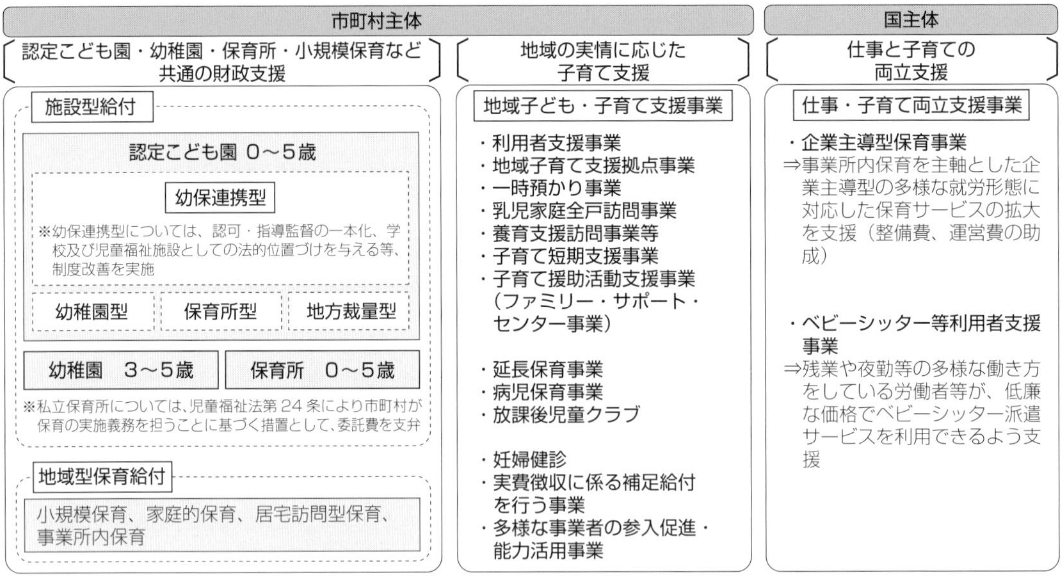

市町村主体
国主体
認定こども園・幼稚園・保育所・小規模保育など共通の財政支援
地域の実情に応じた子育て支援
仕事と子育ての両立支援
施設型給付
認定こども園 0～5歳
幼保連携型
※幼保連携型については、認可・指導監督の一本化、学校及び児童福祉施設としての法的位置づけを与える等、制度改善を実施
幼稚園型
保育所型
地方裁量型
幼稚園 3～5歳
保育所 0～5歳
※私立保育所については、児童福祉法第24条により市町村が保育の実施義務を担うことに基づく措置として、委託費を支弁
地域型保育給付
小規模保育、家庭的保育、居宅訪問型保育、事業所内保育
地域子ども・子育て支援事業
・利用者支援事業
・地域子育て支援拠点事業
・一時預かり事業
・乳児家庭全戸訪問事業
・養育支援訪問事業等
・子育て短期支援事業
・子育て援助活動支援事業（ファミリー・サポート・センター事業）
・延長保育事業
・病児保育事業
・放課後児童クラブ
・妊婦健診
・実費徴収に係る補足給付を行う事業
・多様な事業者の参入促進・能力活用事業
仕事・子育て両立支援事業
・企業主導型保育事業
⇒事業所内保育を主軸とした企業主導型の多様な就労形態に対応した保育サービスの拡大を支援（整備費、運営費の助成）
・ベビーシッター等利用者支援事業
⇒残業や夜勤等の多様な働き方をしている労働者等が、低廉な価格でベビーシッター派遣サービスを利用できるよう支援

図５－２　子ども・子育て支援新制度の概要

出典：内閣府「子ども・子育て支援新制度について（平成29年６月）」2017年　p. 6

＊４　**子ども・子育て支援給付**
子どものための現金給付（「児童手当」のこと：p.66を参照）と、保育・教育給付（施設型給付と地域型保育給付）のこと（p.84を参照）。

具体的なサービスとしては、まず、子どもを育てている家庭が、それぞれ抱えている課題に応じて保育所や幼稚園・子育て支援などのサービスにつながれるよう手助けする「利用者支援事業」があります。地域子育て支援拠点（保育所や児童館、空き店舗などが活用される）や行政窓口で受け付けられます。

また、「妊婦健康診査」や「乳児家庭全戸訪問事業（こんにちは赤ちゃん事業）」など、周産期から実際に子どもが生まれてからも情報提供や相談を受ける体制が目指されています。また、支援を要する子どもを育てている家庭に対しては、「養育支援訪問事業」があります。その他、ショートステイやトワイライトステイといった、一時預かりの事業も設定されています。

なお、2022（令和４）年には児童福祉法の改正に伴い新たに３つの事業が「地域子ども・子育て支援事業」に位置付けられました。１つ目は要支援児童・要保護児童およびその保護者や特定妊婦・ヤングケアラーを対象として世帯を訪問し、子育てに関する情報の提供や家事・養育に関する援助を行う「子育て世帯訪問支援事業」です。２つ目には虐待リスクが高かったり、不登校状態にあったりする主に学齢期の児童を対象として居場所となる拠点を提供する「児童育成支援拠点事業」です。３つ目は要支援児童・要保護児童およびその保護者や特定妊婦等を対象に、親子間の適切な関係性の構築を目的として子どもの発達に応じた支援（子どもとのかかわり方を学ぶ講義やグループワーク、ペアレントトレーニングなど）を行う「親子関係形成支援事業」です。いずれの事業も、いま現在私たちが直面する子育ての課題に対応するため、市区町村による計画的整備と子ども・子育て交付金の充当が求められています。

2　子どもの健全育成施策

要約 子どもたちが安心して遊べる場・集える場として「児童館」が、また、共働き世帯が増えるなか、安心して放課後を過ごせる場として「放課後児童健全育成支援事業（放課後児童クラブ）」があります。いずれも子どもの健全育成に欠かせない地域の取り組みといえます。

①子どもの健全育成とは

子どもの可能性を伸ばし、身体的・精神的・社会的に健全な人間形成に関わる取り組み全般を子どもの健全育成といいます。そして、その目指すところは、子どもの全面的な発達保障にあります。健全育成においては、国や社会のありように左右されず、子ども自身の健全な発達を促すことが大切です。とりわけ「遊び」が重視されます。子どもにとって遊びとは生活そのものであり、遊びを通して社会性を身に付け、自己実現できるのです。

②児童館

子どもの健全育成においてその柱となるのが、児童福祉法に基づく「児童厚生施設」に位置付けられる児童館です。児童館には「小型児童館」「児童センター」「大型児童館」があります（表5－1）。特に「小型児童館」と「児童センター」は地域の子育て支援や健全育成に大きな役割を果たしています。

児童館は通常の社会福祉施設と異なり、０～18歳までのすべての子どもを利用・支援の対象とし、「誰もが行くことができる」「みんなが来ていい」という、「対象の非限定性」と「支援の連続性」という特性を持ち合わせた児童福祉施設です。そして、さまざまな活動を通じて子どもに居場所を提供するとともに、子どもの福祉の増進や生活問題の把握など、地域の相談機関としての役割も併せ持っています。

近年、「こども食堂」や無料の「学習支援」などが、市民の自主的な活動

表５－１　児童館の種別

	小型児童館	児童センター	大型児童館
法的根拠	児童福祉法第40条		
設備	集会室、遊戯室、図書室、トイレ	（「小型児童館」の設備に加えて）運動可能スペース	A型（2,000m² 以上） B型（1,500m² 以上）
事業	すべての子どもたちと、子どもに関わる大人たちの地域活動の拠点・居場所としてのさまざまな事業	（「小型児童館」の事業に加えて）子どもの体力増進を図り、心身ともに健全な育成を図る事業	県内全域を対象に、モデル事業や中高生対象事業、指導者の育成、地域の児童館の育成等を図る
主な対象	０～18歳未満		

の一環として地域で行われています。児童館は、いわばそうした活動に先駆けて、子どもの居場所づくりや問題解決に貢献してきたといえます。

③放課後児童健全育成事業（放課後児童クラブ）

放課後児童健全育成事業（放課後児童クラブ）は、小学校の空き教室や児童館などで、共働き家庭の小学校に就学している子どもに放課後の適切な遊びや生活の場を提供する事業です。厚生労働省によると、2022（令和4）年5月現在、139万人余りの子どもが登録し、2万6,683か所で事業が取り組まれています。しかし、待機児童も1万5,180人を数え、今後のさらなる事業の拡充が求められます。2014（同26）年7月からは「放課後子ども総合プラン」[*5]に基づき、2018（同30）年度末までに120万人分の受け皿を用意し、子どもの小学校就学後の、その安全・安心な放課後等の居場所の確保という課題（いわゆる「小1の壁」）の解決と、すべての子どもを対象とした総合的な放課後対策を講じられました。その後、2018（平成30）年には、「新・放課後子ども総合プラン」が策定されました。このプランでは放課後児童クラブと放課後子供教室を一体的にまたは連携して実施することが目指されています。そして、2023（令和5）年度末までに30万人分の受け皿を用意すること、学校施設を活用し、新たに開設する放課後児童クラブの80%を学校内で実施できるようにすることなどが盛り込まれています。

なお、2015（令和27）年に放課後児童クラブで子どもたちを支援する資格として「放課後児童支援員」が創設されました。資格を取得するには、各都道府県が行う「放課後児童指導員認定資格研修」を終了する必要があります。5年の経過措置を経て、2020（令和2）年度からは同資格取得者の配置が義務化されています。

一方で、職員の雇用形態を見るとまだまだ非常勤・パート・アルバイトの比重が大きく、職員の安定した雇用、そして待遇の改善が急務となっています。

＊5　**放課後子ども総合プラン**
厚生労働省の「放課後児童クラブ」と、文部科学省による「放課後子供教室」（すべての子どもを対象に、地域の方々の参画を得て、学習やさまざまな体験・交流活動、スポーツ・文化活動等の機会を提供する取り組み）の一体的な実施に加え、計画的な整備の推進を定めています。

Section 2　保育施策

3分 Thinking

- あなたが幼少期に保育所または幼稚園を利用していた理由、もしくは利用していなかった理由は、どのようなものであったか考えてみましょう。

1　新制度における保育施策

要約 新制度では、保育所、幼稚園、認定こども園の財政支援の仕組みを共通化した「施設型給付」と、地域の実情に合った保育の場が提供できるよう、市町村が認可した事業を行うための「地域型保育給付」の創設により、地域における幼児期の学校教育·保育の場の整備·普及を進めています。

新制度の施行により、地域の子ども·子育て支援を充実していくこと（Sec.1で取り上げた「地域子ども・子育て支援事業」）のほか、「幼児期の学校教育と保育の充実」を目指し、保育・教育に要する費用の給付を行うことや、「認定こども園」を普及すること等、保育施策が大きく変わることになりました。

ここでは、新制度により創設された、保育の必要性の認定について、また、幼児期の学校教育・保育の場にかかる財政支援の仕組みとその給付対象となる施設・事業について見ていきます。

①保育を必要とする事由

新制度においては、新たに保育所等の利用にあたって、市町村による「保育の必要性」を認定する仕組みが導入されました。

保育を必要とする事由

- 就労（フルタイムのほか、パートタイム、夜間、居宅内の労働など）
- 妊娠、出産
- 保護者の疾病、障害
- 同居または長期入院等している親族の介護・看護
- 災害復旧
- 求職活動（起業準備を含む）
- 就学（職業訓練校等における職業訓練を含む）
- 虐待やDV（ドメスティック・バイオレンス）のおそれがあること
- 育児休業取得中に、すでに保育を利用している子どもがいて継続利用が必要であること
- そのほか、上記に類する状態として市町村が認める場合

（※下線部は、新制度により、新たに加えられた事由）

②子ども・子育て支援新制度における財政支援の仕組み

従来、保育所、幼稚園、認定こども園のそれぞれに実施されていた財政支援の仕組みは、新たに「施設型給付」と「地域型保育給付」が創設されたことで共通化されました（p.71を参照）。新制度における保育所利用の際には、

保護者の申請を受けた市町村が客観的基準に基づき、先述した「保育の必要性」などを認定したうえで「施設型給付」を支給する仕組みとなりました。

施設型給付は、保育所利用では保育に要する費用を、幼稚園利用では学校教育に要する費用を、認定こども園ではその両方の費用を、それぞれの保護者に給付する *6 というもので、表5－2のように、教育・保育の場を利用する子どもによって認定区分が設けられています。

なお、地域型保育給付は後述する地域型保育を対象とした給付になります。

表5－2　子どもの認定区分と利用できる施設・事業

<table>
<tr><th colspan="2">認定区分[注1]</th><th>給付の内容（保育の必要量）</th><th>施設・事業</th></tr>
<tr><td rowspan="2">・1号認定</td><td rowspan="2">満3歳以上の小学校就学前の子どもで、2号認定以外のもの</td><td rowspan="2">・教育標準時間[注2]
（1日あたり4時間程度）</td><td>幼稚園[注3]</td></tr>
<tr><td>認定こども園</td></tr>
<tr><td rowspan="2">・2号認定</td><td rowspan="2">満3歳以上の小学校就学前の子どもで、保育を必要とする事由のあるもの</td><td rowspan="2">・保育短時間
（1日あたり8時間まで）</td><td>保育所</td></tr>
<tr><td>認定こども園</td></tr>
<tr><td rowspan="3">・3号認定</td><td rowspan="3">満3歳未満の小学校就学前の子どもで、保育を必要とする事由のあるもの</td><td>・保育短時間</td><td>保育所</td></tr>
<tr><td rowspan="2">・保育標準時間
（1日あたり11時間まで）</td><td>認定こども園</td></tr>
<tr><td>小規模保育等</td></tr>
</table>

注1：それぞれの区分は、子ども・子育て支援法第19条第1項に基づきます。
注2：教育標準時間外の利用については、一時預かり事業（幼稚園型）等の対象となります。
注3：新制度に移行しない幼稚園を利用する場合は、認定を受ける必要はありません。

③幼児教育・保育の無償化

2019（令和元）年10月から消費税率引き上げと合わせ、それを財源とする幼児教育・保育の無償化が開始されました。これは、2019（同元）年5月に可決・成立した子ども・子育て支援法の改正により、原則3歳から5歳までの幼稚園、保育所、認定こども園などを利用する子どもを対象に実施されるものです（図5－3）。「無償化」といわれることが多いのですが、実際には利用料や保育料（以下、保育料）にあたる部分の保護者負担に対する補助として行われます。

では、具体的にどのような形で無償化が行われるかを見てみましょう。無償化の方法は大きく分けて、①従来の施設型給付や地域型保育給付を公定価格と給付額を同額にすることによる無償化と、②子ども・子育て支援法に新設された「施設等利用費」を保護者へ支給することによる無償化の2つがあります。

①では、子ども・子育て支援新制度による施設型給付の対象施設や、地域型保育給付の事業を利用する1号または2号認定を受けた3歳から5歳までの子どもが対象となります。

②では、私学助成を受けており、施設型給付を受けていない幼稚園を利用する3歳から5歳までの子ども *7 と、幼稚園で預かり保育を利用する2号

＊6
保護者への個人給付としていますが、確実に学校教育・保育に要する費用にあてるため、施設・事業者が市町村から法定代理受領する仕組みとなっています。

＊7
ただし、ひと月当たりの額の上限は2万5,700円となっています。

＊8
ただし、ひと月当たりの額の上限は1万1,300円となっています。

＊9
認可外保育施設等には認可外保育施設に加え、地域子ども・子育て支援事業のうち、一時預かり事業、病児保育事業、ファミリー・サポート・センター事業も対象となります。さらに、無償化の対象となる認可外保育施設については、都道府県等に届出を行い、国が定める基準を満たすことが求められますが、5年間は基準を満たしていない場合でも無償化の対象とする猶予期間が設けられています。

認定を受けている３歳から５歳までの子ども[*8]、認可外保育施設等[*9]を利用する２号認定を受けた３歳から５歳までの子ども[*10]が対象となります。

なお、０歳から２歳までの住民税非課税世帯の子どもに対しては、これらの無償化の対象となります[*11]。

そのほか、３歳から５歳の児童発達支援などの障害児通所支援を利用している子どもや、障害児入所施設へ入所している子どもの利用料も、消費税を財源とはしないながらも無償化の対象とされています。

このように幼児教育・保育無償化が開始されましたが、さまざまな課題も考えられます。無償化の対象となる子どもについて、１号認定で幼稚園へ通

＊10
ただし、ひと月当たりの額の上限は３万7,000円となっています。

＊11
認可外保育施設等については、ひと月当たりの額の上限が４万2,000円となっています。

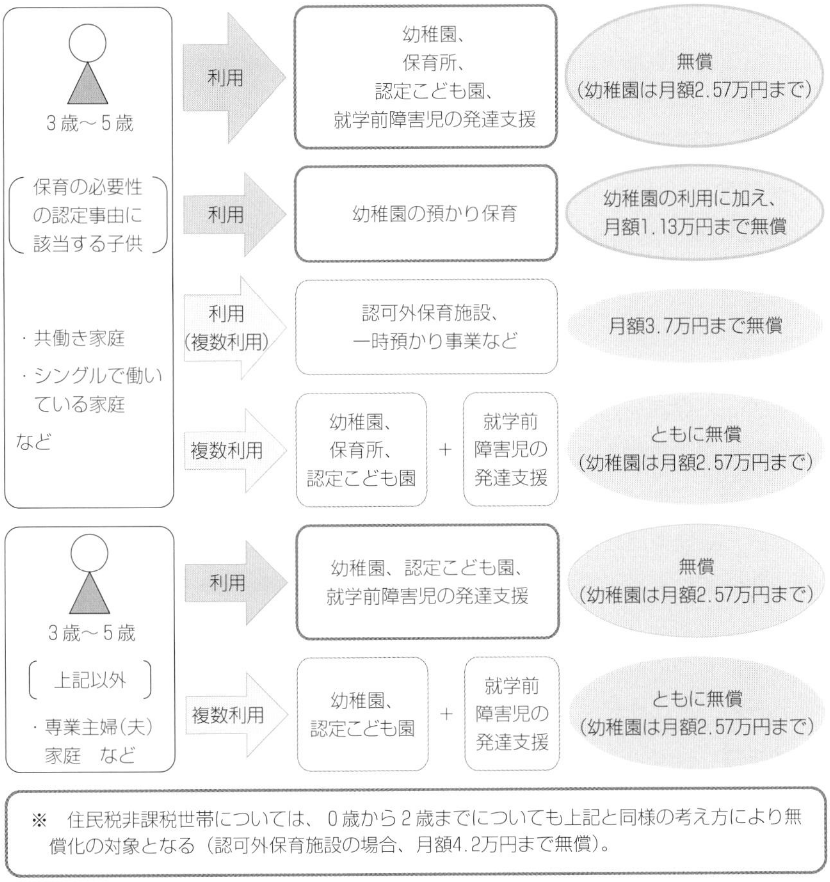

（注１）幼稚園の預かり保育や認可外保育施設を利用している場合、無償化の対象となるためには、お住まいの市町村から「保育の必要性の認定」を受けることが必要。
（注２）認可外保育施設については、都道府県等に届出を行い、国が定める基準を満たすことが必要。ただし、基準を満たしていない場合でも無償化の対象とする５年間の猶予期間を設ける。
（注３）例に記載はないが、地域型保育も対象。また、企業主導型保育事業（標準的な利用料）も対象。

図５－３　幼児教育・保育の無償化の主な例

出典：厚生労働省ホームページ　https://www.mhlw.go.jp/content/12601000/000514183.pdf

う子どもは満３歳から対象となりますが、２号認定の子どもについては満３歳以降最初の４月１日からでないと無償化の対象にならない不公平さがあります。そして保育料は従来から、保護者の所得に応じた負担軽減が図られており、自治体によっては独自の負担軽減策を行ってきました。この無償化では低所得世帯に対して新たな軽減になることは少なく、消費税率引き上げを財源としたことで、むしろ負担が増す可能性があります。また、今回の無償化は保育料のみですから、それ以外の費用（給食費や送迎費、おむつ代、教材費など）については実費負担です。特に給食費は、２号認定の３歳から５歳の子どもの世帯に、従来の主食費だけでなく副食費の実費徴収が始まることで、新たな負担が生じることになります。

こういった保育料以外の負担については、自治体ごとに新たな軽減策を設けている場合もあるため、それぞれの自治体ごとで確認が必要でしょう。

④施設型給付の対象施設

○保育所

保育所は、「保育を必要とする乳児・幼児を日々保護者の下から通わせて保育を行うことを目的」とする児童福祉施設で、「利用定員が 20 人以上」で「幼保連携型認定こども園を除く」ものとされます（児童福祉法第 39 条第 1 項[*12]）。

先述した保育を必要とする事由がある０～５歳の乳幼児（２・３号認定）を対象に、厚生労働省が示す「保育所保育指針」に基づく保育を実施します。また、厚生労働省は「児童福祉施設の設備及び運営に関する基準」により、保育所の設備や運営における基準を定めています。この基準をもとに、都道府県が条例により設置基準等を定めています（児童福祉法第 45 条）。

なお、市町村には保育の実施義務があるため（同法第 24 条第 1 項）、私立保育所における保育の費用については施設型給付ではなく、委託費として支払われることになります。

＊12
同条第２項では「保育所は、前項の規定にかかわらず、特に必要があるときは、保育を必要とするその他の児童を日々保護者の下から通わせて保育することができる」とされています。

○幼稚園

幼稚園は「義務教育及びその後の教育の基礎を培うものとして、幼児を保育し、幼児の健やかな成長のために適当な環境を与えて、その心身の発達を助長することを目的とする」学校です（学校教育法第 22 条）。

保育を必要とする事由がなく、小学校就学に備えて幼児期の教育を希望する保護者の３～５歳の幼児（1 号認定）を対象に、文部科学省が示す「幼稚園教育要領」に基づく教育が実施されます。幼稚園に関する基準は、文部科学省による「学校教育法施行規則」と「幼稚園設置基準」に定められます。

新制度に移行せず、施設型給付を受けない幼稚園は、文部科学省の「私学助成」によって運営されます。

〇認定こども園

従来、就学前の子どもの保育に関しては、そのほとんどを児童福祉施設である保育所と、学校である幼稚園が担っていました。どちらも乳幼児期に利用する場であり年齢が共通する面もあることや、後述する保育所における待機児童問題、幼稚園の定員割れの問題などから、「幼保一元化」や「一体化」の声が、これまで何度もあがりました。

このような「地域のニーズに応じ、就学前の教育・保育を一体として捉えた一貫した総合施設」の議論は、2000年代以降に活発化し、2006（平成18）年の「就学前の子どもに関する教育、保育等の総合的な提供の推進に関する法律（以下「認定こども園法」）」（p.64を参照）の成立・施行につながりました。総合施設は「認定こども園」と名称を改め、「幼保連携型」（幼稚園と保育所が連携して認定）、「幼稚園型」（幼稚園が保育所機能を備えて認定）、「保育所型」（保育所が幼稚園機能を備えて認定）、「地方裁量型」（幼稚園機能と保育所機能を備えた認可外施設が認定）の４つの類型になりました。

新制度においても、この４類型のままですが、幼保連携型こども園については、学校でもあり児童福祉施設でもある、単一の施設として新たに認可を受けることになりました。その目的は「義務教育及びその後の教育の基礎を培うものとしての満３歳以上の子どもに対する教育並びに保育を必要とする子どもに対する保育を一体的に行い、これらの子どもの健やかな成長が図られるよう適当な環境を与えて、その心身の発達を助長するとともに、保護者に対する子育ての支援を行うこと」とされます（認定こども園法第２条第７項＊13）。

＊13
幼保連携型認定こども園は、児童福祉施設でもあるため、児童福祉法第39条の２においても、その設置目的が示されています。

幼保連携型認定こども園では、保育を必要とする事由がある０～２歳の乳幼児（３号認定）と、教育・保育を希望する保護者の３～５歳の幼児（１・２号認定）を対象に、内閣府・文部科学省・厚生労働省が示す「幼保連携型認定こども園教育・保育要領」に基づく教育・保育が実施されます。また、内閣府・文部科学省・厚生労働省による「幼保連携型認定こども園の学級の編制、職員、設備及び運営に関する基準」が示されており、これをもとに都道府県が設備や運営の基準について条例を定めています。

⑤地域型保育給付の対象事業

新制度では、地域型保育給付の対象として、地域の実情に合わせた保育の場の提供ができるよう、市町村が認可した事業（地域型保育事業）を行うことができるようになりました。これは、保育所（原則20人以上）より少人数の単位で、待機児童の多い、主として０～２歳の乳幼児を受け入れて保育するものです（必要に応じて満３歳以上の幼児の受け入れも可能です）。

地域型保育は、特に待機児童が多く、施設の新設が困難な都市部における保育の量の拡大と、子どもの数が減少傾向にあり施設の維持が困難である地域や、施設までの距離が遠いなど利用が困難な地域における保育の確保に対応させることを目的に創設されたもので、厚生労働省が示す「家庭的保育事業等の設備及び運営に関する基準」をもとに、実施主体である市町村が運営等に関する基準を条例化し運用しています。

地域型保育には、表５－３のように４つの事業類型があり、このなかから利用者が選択できる仕組みとなっています。なお、これらを行う事業を「地域型保育事業」といい（子ども・子育て支援法第７条第５項＊14）、事業を実施する事業者と直接契約により利用することになります。

地域型保育は小規模であり、また、原則的に０～２歳の乳幼児を受け入れていることから、事業の実施にあたっては「連携施設」を設ける必要があります＊15。保育所、幼稚園、認定こども園が連携施設となり、地域型保育事業の保育内容への支援（給食の搬入、合同健康診断、園庭開放、合同保育、行事への参加や小規模保育等の保育士の研修会への参加や急病の場合の代替保育など）や、卒園後の受け皿としての役割を担います。

＊14
児童福祉法第６条の３第９～12項に基づく事業としても規定されます。

＊15
複数の施設を連携施設にすることや、連携施設側が複数の地域型保育事業の連携施設になることも可能です。なお、居宅訪問型保育事業では障害児入所施設も連携施設の対象になります。

⑥そのほかの形態の保育サービス

保育所等の機能を活用し、さまざまな保育サービスが実施されています。

○保育所による保育サービス

保育短時間（１日あたり８時間まで）以外に、早朝保育、延長保育、夜間保育、休日保育などといった乳幼児を預かる体制を整えている保育所や、一時保育、緊急保育など、保護者の状況に応じた保育サービスを提供している保育所もあります。

表５－３　保育を必要とする０～２歳の乳幼児を主な利用対象とした地域型保育（地域型保育事業）

類型		設置場所	事業主体
家庭的保育（家庭的保育事業）	家庭的保育者[注1]の居宅において、少人数（定員５人以下）を対象に、家庭的な雰囲気のもとで保育を行います。	保育者の居宅その他の場所、施設	市町村、民間事業者等
小規模保育（小規模保育事業）	少人数（定員６～19人）を対象に、家庭的保育に近い雰囲気のもとで保育を行います。[注2]	保育者の居宅その他の場所、施設	市町村、民間事業者等
居宅訪問型保育（居宅訪問型保育事業）	障害、疾患などで個別のケアが必要な場合、施設がない地域で保育を維持する必要がある場合、ひとり親家庭で保護者が夜勤勤務の場合などに、保護者の居宅で１対１の保育を行います。	保育を必要とする子どもの居宅	市町村、民間事業者等
事業所内保育（事業所内保育事業）	従業員と地域の乳幼児を対象に、定員が19人までの場合は小規模保育の基準[注3]のもとで、20人以上の場合は認可保育所の基準のもとで、保育を行います。	事業所が設置する保育施設	事業主等

注１：市町村長が行う基礎研修を修了した保育士または保育士と同等以上の知識および経験を有すると市町村長が認めた者です。従来、就学前の子どもの預かり保育を担っていた「保育ママ」「家庭福祉員」などになります（2010［平成22］年の改正児童福祉法により法定化されました）。
注２：小規模保育には、保育所分園に近い「Ａ型」、家庭的保育に近い「Ｃ型」、その中間になる「Ｂ型」の３類型があります。
注３：小規模保育のうち、「Ａ・Ｂ型」の基準が適用されます。

〇幼稚園による保育サービス

幼稚園は、教育標準時間（1日あたり4時間程度）に教育を行う学校ですが、保護者ニーズの多様化に伴い、教育標準時間以外の利用についても、一時預かり事業（幼稚園型）等の対象として、幼児を受け入れているところもあります。

〇認可外保育施設による保育サービス

前述した保育所とは異なり、児童福祉法や設置基準を満たさず、都道府県知事などの認可を受けていない保育施設のことを「認可外保育施設」といいます（保育所は「認可保育所」といいます）。各地域の実情や保護者の多様な就労形態といった保育ニーズに応えるため、制度の枠組みのなかでサービスを展開する認可保育所の補完的な役割を担っている施設ともいえます。

認可外保育施設のうち、自治体独自の基準を満たし、助成を受けた施設のことを地方単独保育事業といいます。各自治体で呼称が異なり、例えば、東京都では認証保育所という名称が使用されています。

そのほか、24時間開所している施設や、「夜8時以降の保育、宿泊を伴う保育、一時預かりの子どもが利用児童の半数以上」のいずれかを常時運営している「ベビーホテル」などがあります。また、事業所が従業員の子どものために設置した施設を事業所内保育施設といいますが、これについては2016（平成28）年度より、新制度に基づく「仕事・子育て両立支援事業」として、従業員の多様な働き方に応じた柔軟な事業所内保育の場を広げる取り組みが推進されています。

2　教育・保育の場の現状と待機児童問題

要約　新制度による教育・保育の場の整備は確実に進んでいますが、都市部を中心に待機児童の解消に至らない状況が依然として見られています。

①教育・保育の場の現状

新制度施行以降、幼児期の教育・保育の場の設置数、定員、利用児童数とも増加している状況にあります（表5－4）。

②待機児童問題

待機児童とは、「認可保育所への入所を希望したものの、どこにも入れなかった子ども」のことで、こども家庭庁により、毎年その数が公表されています。2022（令和4）年4月1日現在は2万2,944人となり、2018（平成30）年以降は減少しています。特に2020（令和2）年以降は保護者の働

表５－４　保育所等の定員・利用児童数の状況

（各年４月１日現在）

		設置数（か所数）	定員（人）	利用児童数	定員充足率
2020（令和２）年	合計	37,652	2,967,328	2,737,359	92.2%
	保育所	23,759	2,218,784	2,039,179	91.9%
	幼保連携型認定こども園	5,702	582,497	553,707	95.1%
	幼稚園型認定こども園等	1,280	58,058	55,718	96.0%
	地域型保育事業	6,911	107,989	88,755	82.2%
2021（令和３）年	合計	38,666	3,016,918	2,742,071	90.9%
	保育所	23,896	2,215,356	2,003,934	90.5%
	幼保連携型認定こども園	6,089	623,319	588,878	94.5%
	幼稚園型認定こども園等	1,339	62,990	58,807	93.4%
	地域型保育事業	7,342	115,253	90,452	78.5%
2022（令和４）年	合計	39,244	3,044,399	2,729,899	89.7%
	保育所	23,899	2,198,732	1,960,833	89.2%
	幼保連携型認定こども園	6,475	662,061	614,569	92.8%
	幼稚園型認定こども園等	1,396	65,831	62,289	94.6%
	地域型保育事業	7,474	117,775	92,208	78.3%

出典：厚生労働省「保育所等関連状況取りまとめ（令和４年４月１日）」2022 年　pp.2-3 を一部改変

き方など、外的要因も関係し、大きく減少しています（図５－３）。しかし、この数値には「自治体が独自で補助する認可外施設に入った」「親が育児休業中である」「特定の保育所のみを希望した」「求職活動をやめた」という理由により待機児童から除かれた子ども（隠れ待機児童）の７万 2,547 人は含まれていないことには注意が必要です。

こうした課題に対して国は、2013（平成 25）年度以降、「待機児童解消加速化プラン」（2017（平成 29）年度まで）や「子育て安心プラン」（2020（令和２）年度まで）によって８年間で約 82 万人分の受け皿を整備目標として、待機児童の解消を図ってきました。しかし、整備目標や待機児童問題の解消は達成できなかったため、新たに 2021（令和３）年度からの「新子育て安心プラン」を策定し、継続して待機児童問題の解消を目指すことになりました。

「新子育て安心プラン」では、2024（令和６）年度末までに、女性就業率 82% に対応できるよう 14 万人分の保育の受け皿整備を目標としています。具体的には、保育ニーズが増加している地域への受け皿確保支援や保護者への伴走型支援（保育コンシェルジュや巡回バス等による送迎）、保育士確保対策および地域のあらゆる子育て資源の活用（幼稚園の空きスペースやベビーシッターの活用など）が示されています。

また、政府は 2023（令和５）年６月に、「こども未来戦略方針」を閣議決定しました。この「こども未来戦略方針」において今後３年間で集中的に取り組む「加速化プラン」では、保育の質の向上として、１歳児と４歳、５歳児の職員配置基準を改善することを盛り込んでいます。さらに、現行の幼児

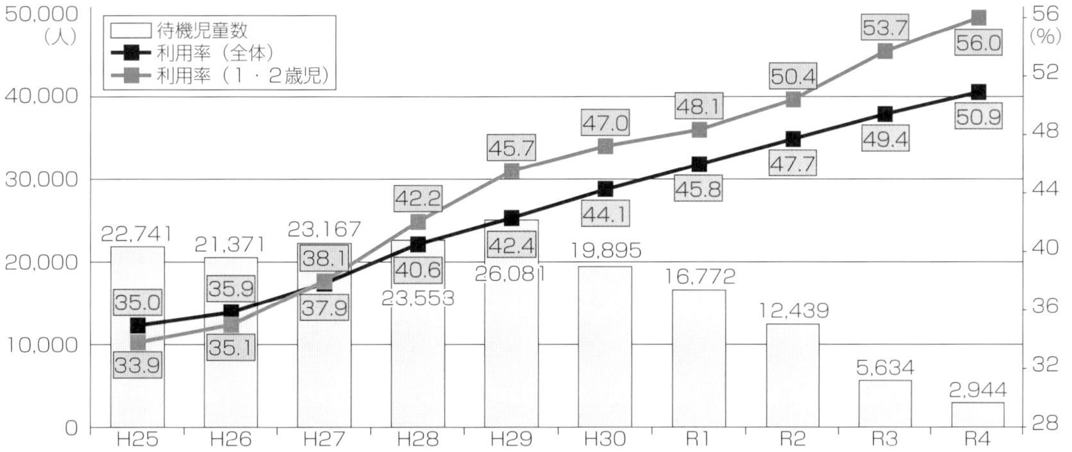

図５－４　保育所等待機児童数および保育所等利用率の推移

出典：表５－４と同様　p. 3

教育・保育給付に加えて、就労要件を問わずに、一定の時間までの利用可能枠において時間単位等で利用できる新たな通園給付を創設するとしています。

しかし、これらの対応については女性の就業率や共働き世帯の増加率、育児休業の取得が進むかなども大きく影響するため、保育ニーズのさらなる把握とそれに基づく整備の推進が求められるでしょう。また、保育の質についても、職員配置基準の改善だけでなく保育士の労働条件や賃金格差の是正などの問題解決が求められます。さらに、近年続いた保育の安全性確保に向けた取り組みついてもしっかり確認する必要があります。

保育の受け皿の整備とともに保育士数の確保策も進められていますが、保育士の労働条件や賃金の改善などの課題解決が図られることも望まれます。また、今後、さらに増加していく保育の場における安全性や保育の質が確保されているかどうかについても注視していく必要があるでしょう。

【参考文献】

Section1

●児童健全育成推進財団編『児童館論』児童健全育成推進財団　2015年
●内閣府『令和元年版少子化社会対策白書』日経印刷
●櫻井奈津子編『保育と児童家庭福祉　第２版』みらい　2016年
厚生労働省「令和４年６月に成立した改正児童福祉法について」
https://www.mhlw.go.jp/stf/seisakunitsuite/bunya/kodomo/kodomo_kosodate/jidouhukushihou_kaisei.html（2023年８月15日閲覧）
厚生労働省「令和４年（2022年）放課後児童健全育成事業（放課後児童クラブ）の実施状況」
https://www.cfa.go.jp/policies/kosodateshien/houkago-jidou/（2023年８月15日閲覧）

Section2

●内閣府・文部科学省・厚生労働省「子ども・子育て支援新制度　なるほどBOOK（平成28年４月改訂版）」2016年
●厚生労働省「保育所等関連状況取りまとめ（平成31年４月１日）」2019年
●保育研究所編『これでわかる！　子ども・子育て支援新制度―制度理解と対応のポイント―』ちいさな仲間社　2014年
●全国保育団体連絡会・保育研究所編『保育白書2018年版』ひとなる書房　2018年
●全国保育団体連絡会『月刊　保育情報』512号　ちいさいなかま社　2019年
●内閣府「幼児教育・保育の無償化概要」
https://www8.cao.go.jp/shoushi/shinseido/musyouka/gaiyou.html#kigyousyudou（2019年８月26日閲覧）

●学びを振り返るアウトプットノート

年　月　日(　)　第(　)限　学籍番号　　　　　　氏名

❖ このChapterで学んだこと、そのなかで感じたこと（テーマを変更してもOK）

❖ 理解できなかったこと、疑問点（テーマを変更してもOK）

❖ TRYしてみよう ❖

1 日本は、1989（平成元）年に合計特殊出生率が史上最低を記録したいわゆる（　　　　）ショックにより、少子化対策として保育サービスの充実等を盛り込んだ（　　　　　）を策定した。その後さまざまな施策が取り組まれたが、共働き世帯の増加にともない仕事と生活の調和、いわゆる（　　　　　）を重視した施策が志向されている。

2 子どもの健全育成とは、子どもの可能性を伸ばし、身体的・精神的・社会的に健全な（　　　　　）に関わる取り組みのことである。

3 子ども・子育て支援新制度では、保育所、幼稚園、認定こども園にかかる財政支援の仕組みを（　　　　　）として共通化した。

4 主に0～2歳の乳幼児を対象とした地域型保育には、(　　　　　)、(　　　　　)、(　　　　　)、(　　　　　）の4類型がある。

コラム⑤ 子どもの芸術・文化

子供には、自分と世界、自分と他者、生物と無生物、見えるものと見えないもの、昨日と今日と明日、視覚と触覚、想像と実体験、思考と身体といった区別というものがなく、およそ一切が未分化です。子供から生まれてくる表現は、それらの未分化な要素が無自覚的に統合される活動です。ですから、彼らが語るお話や描く絵は、いわゆる大人にとってはヘンであり、未熟に感じられます。

一方芸術家は、ありとあらゆる区別を了解しています。それらの区別を知り尽くしたうえで、それを意識的に合わせて表現を築きます。ですから芸術家の表現は、いわゆる大人に日常の捉え方に変化を迫るという点において難解です。

子供の芸術は、まだ分化する前の心と身体が無自覚に統合される活動であり、大人の芸術は、分化した世界を擦り合わせていく活動といえるでしょう。両者の世界への関わり方は大きく異なりますが、未分化性の表出・回復という点で重なり合います。すなわち、両者の表現は似ているのです。子供の絵が多くの現代美術家の目を惹いてきたのもそのためです。ピカソが、「子供のように描くのに一生涯かかった」と述べたのは有名な話です。しかし、いわゆる大人は子供に遠く、芸術家にも遠いゆえ、子供の表現は未熟だと捉え、大人の芸術は難解だと感じてしまうのです。いわゆる大人は難解なものを避け、未熟なものには注意、指導をしたくなります。これが、子供の芸術をありのままに大切にできない要因でもあります。

どうすればいいか。芸術とは、表現されたもののなかにあらかじめ込められたものではなく、それに接する者との間に立ち上がるものです。ならば、子供と関わる仕事をする者には、芸術家にも見劣りしない子供の芸術を発見し、価値付ける力が求められます。そして子供の文化をコーディネートしていく気概を持たねばなりません。

ただし、子供の表現だけを見ていても、その素晴らしさは見えてきません。未熟なものとして片付けてしまう可能性があります。日本の幼児教育の父と称される倉橋惣三（1882—1955）は、若い幼児教育者に、いい詩を読み、いい絵を見ることを勧めています。何ものからも新鮮な印象を受け取り、何ものにも純真な感激と驚異を持つ芸術家の目と心にふれることが、子供とともに生きる私たちにとって、子供と同じようにものを見、同じように感じることができるようになるために不可欠な学習であると説いています。

子供に関わる者は、大人の芸術への感性を研ぎ澄ませることでいわゆる大人を脱し、子供の芸術を理解し、文化として大切にできる力量を備えた存在になりたいものです。

参考文献：松岡宏明『子供の世界　子供の造形』三元社　2017年

1 1.57／エンゼルプラン／ワーク・ライフ・バランス　2 人間形成　3 施設型給付
4 家庭的保育／小規模保育／居宅訪問型保育／事業所内保育（順不同）

Chapter 6 母子保健施策とひとり親家庭への福祉施策

●イメージをつかむインプットノート

Section 1 「母子保健と健やか親子２１」のアウトライン

日本の母子保健施策は第二次世界大戦後、その根拠を児童福祉法から母子保健法へと移しながら拡充されてきました。現在は子どもたちの健やかな成長の実現を目標に立てられた「健やか親子 21（第2次）」を基盤として、計画的に推進されています（p.98）。

Keyword

- ☑ 母子保健法
- ☑ 母子保健施策
- ☑ 健康診査
- ☑ 健やか親子 21

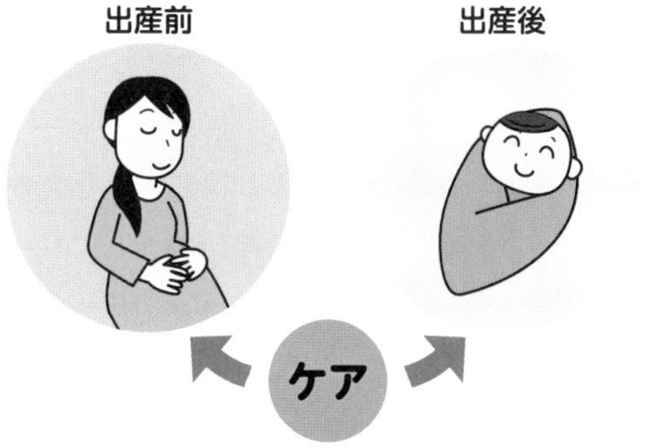

Section 2 「ひとり親家庭への福祉施策」のアウトライン

日本ではひとり親家庭の半数が経済的に苦しい状況にあることが、統計的に明らかにされています。ここでは、その状況が特に顕著な母子家庭に焦点をあてながら、ひとり親家庭に対する福祉施策の現状と課題について学びます（p.104）。

Keyword

- ☑ 子どもの貧困
- ☑ ひとり親家庭
- ☑ 就労支援
- ☑ 児童扶養手当

Section 1　母子保健と健やか親子２１

3分 Thinking

・自分たちが知っている母子保健サービスについて、列挙しましょう。

1　母子保健の概要

要約 ▶ 日本では第二次世界大戦後、妊産婦や乳児・新生児の死亡率が飛躍的に改善しました。その背景には、母子保健法の制定や母子保健施策の充実がありました。

①母子保健の目的

母子保健対策は第二次世界大戦後、児童福祉法および保健所法（1994［平成6］年に地域保健法に改正されています）に基づいて実施されていました。その後、1965（昭和40）年に母子保健法が制定されると、この法律に基づいて、「母性並びに乳児及び幼児の健康の保持及び増進を図る」（第1条）ことを目的に、保健指導や健康診査が実施されてきました。その結果、妊産婦や乳児・新生児の死亡率は図６－１のように大幅に低下しています。

母子保健法を見ると、対象は乳児および幼児とその保護者であることがわ

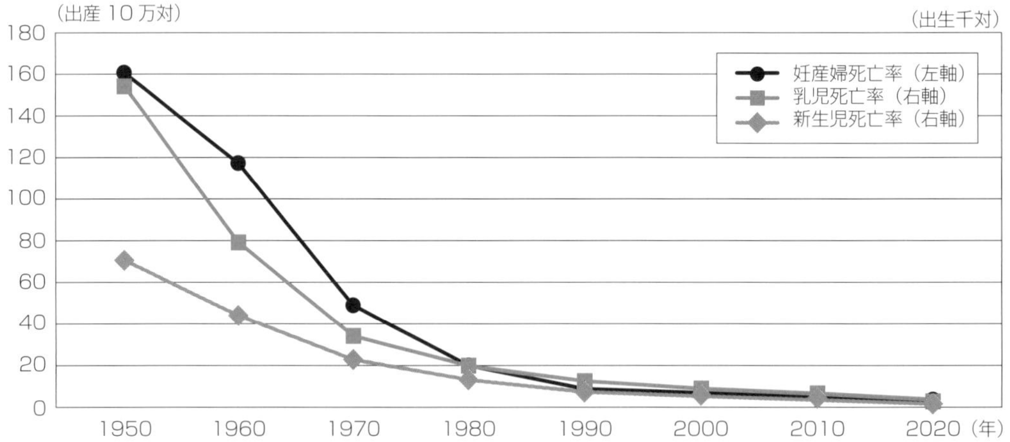

注　：1950～1970年は沖縄を含まない。

図６－１　妊産婦および乳児・新生児死亡率の推移

出典：厚生労働省「人口動態統計」をもとに筆者作成

かります。特に母親は、子どもの健やかな成育のための基盤として位置付けられており、母性の尊重と保護だけでなく、母親自身に妊娠、出産、育児に関する正しい理解と、その健康の保持および増進に関する努力が求められています。実際には妊産婦を対象とした妊娠の届け出や母子健康手帳の交付、妊産婦を対象とした訪問指導等についても規定されていますので、子どもにおいては胎児の段階から母子保健の対象であるといえるでしょう。

②母子保健施策の現状

図6－2を見ると、現在の母子保健が思春期から出産に至るまでの女性や出産後の母子に対する訪問指導や健康診査など、さまざまな施策によって成り立っていることがわかります。

特に、訪問指導といったアウトリーチ型の事業は、出産前後の母子の負担を軽減するだけでなく、生活状況の確認や地域における孤立化の防止、意識啓発や確実な情報の伝達にも効果を発揮しています。

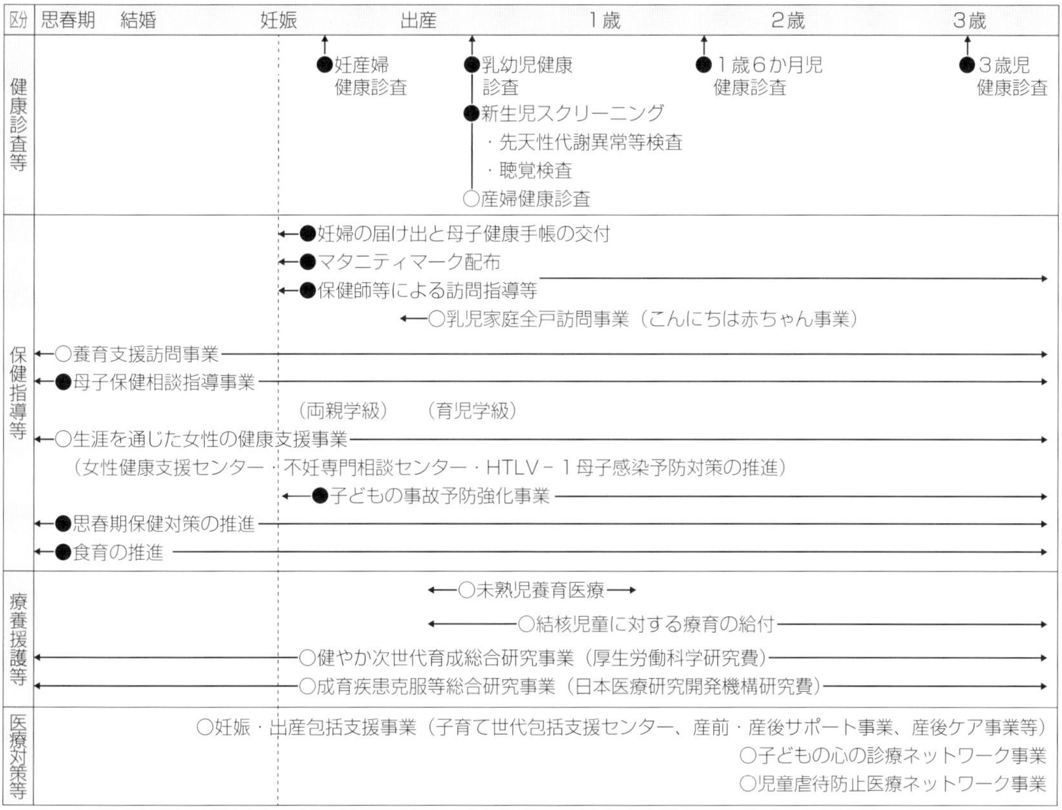

注　：○国庫補助事業、●一般財源による事業。

図6－2　母子保健対策の体系

出典：厚生労働統計協会編『国民衛生の動向　2022/2023』2022年　p.100

母子保健に対する当事者の意識向上を示すように、幼児健康診査の受診率は図6－3のように年々向上してきました。しかし、コロナ禍により受診者数・受診率ともに低下しましたので、感染症の拡大が母子保健にも深刻な影響を与えたことがわかります。

③幼児の健康診査

母子保健法では、市町村に「満1歳6か月を超え満2歳に達しない幼児」と「満3歳を超え満4歳に達しない幼児」に対する健康診査の実施を義務付けています（第12条）。一般に「1歳半健診」や「3歳児健診」と呼ばれるもので、発育や健康状態の確認、疾病の発見、予防接種の実施状況の確認、精神発達や言語、四肢運動など各種障害の早期発見に加え、虐待の予防や早期発見などを目的に、市町村の保健センターなどで実施されています。

被虐待児のなかには、予防接種の未実施や疾病の放置といったケースも多く見られるため、各自治体は幼児健康診査未受診の子どもの保護者を対象に電話や文書による連絡、家庭訪問などを実施して、虐待の予防と早期発見に努めています。特に、保育所や幼稚園に通っていない子どもについては、この健康診査が生活や発育・発達の状態を確認する貴重な機会になるので、自治体によっては未受診児童への対応ガイドラインを作成しているところもあります[*1]。

＊1
一例として、大阪府が府内各市町村を対象に2014（平成26）年11月に作成した、「大阪府における乳幼児健康診査未受診児対応ガイドライン」があります（http://www.pref.osaka.lg.jp/attach/3964/00179029/20141121mijyusinji_guideline.pdf）。

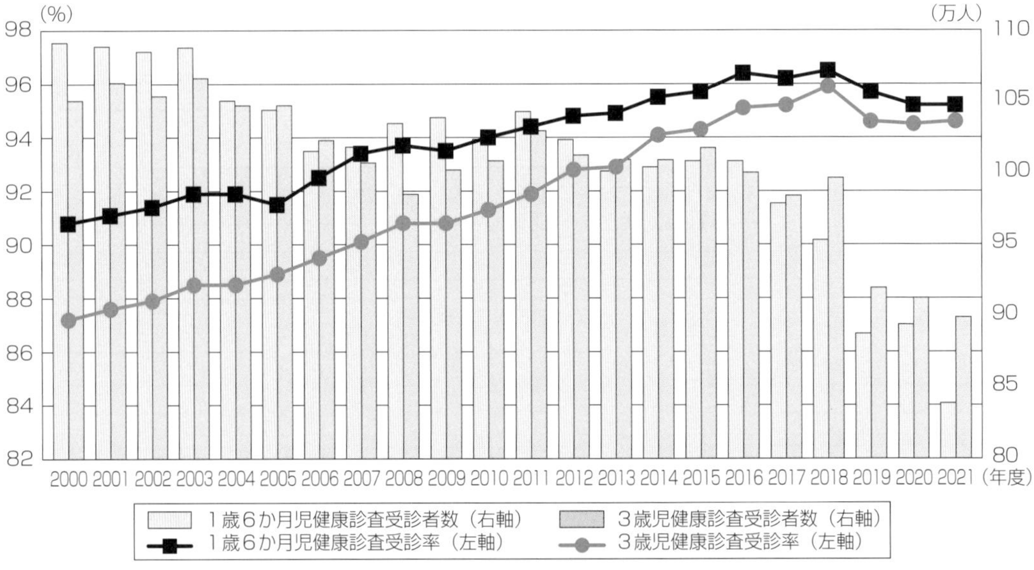

図6－3　幼児健康診査の受診者数、受診率の推移

出典：厚生労働省「地域保健・健康増進事業報告」をもとに筆者作成

④妊産婦、乳児に対する支援

母子保健法では、「市町村は、必要に応じ、妊産婦又は乳児若しくは幼児に対して、健康診査を行い、又は健康診査を受けることを勧奨しなければならない」（第13条）として、「1歳半健診」や「3歳児健診」だけでなく、「妊産婦健康診査」や「乳幼児健康診査」による小学校就学までの継続的な健康診査の実現に努めています。

また、医療機関等に赴いて受診する健康診査だけでなく、生後28日以内（里帰り出産の場合は60日以内）の乳児の家庭を訪問し、相談、指導を行う「新生児訪問指導」（同法第11条）や、これと連動して、生後4か月までの乳児のいるすべての家庭を訪問し、孤立化の防止や乳児の健全な育成環境の確保を図る「乳児家庭全戸訪問事業（こんにちは赤ちゃん事業）」（児童福祉法第6条の3第4項）も併せて実施し、きめ細やかな支援の実現に努めています。

⑤母子保健と児童福祉の一体的な提供

母子保健には児童福祉との一体的な支援体制の構築と運用が求められてきました。

母子保健法では2016（平成28）年に、地域における児童虐待の予防や早期発見など、児童虐待のリスクを逓減（ていげん）させることを目的に、「子育て世代包括支援センター」（法律上の名称は「母子健康包括支援センター」、第22条）の設置が、市町村の努力義務として法定化されました。同センターは、妊娠期から子育て期までの子育てに関する地域のワンストップ窓口として、①市町村保健センター等母子保健に関する相談機関で保健師等の専門性を生かして行う利用者支援事業（母子保健型）、②子育て支援にかかる施設等利用者が日常的に利用できる身近な場所で行う利用者支援事業（基本型）、③地域保健法に基づいて市町村が設置していることから、他の行政事務との連携が容易な市町村保健センター事業、以上の事業を中心に、児童相談所、保健所、保育所、医療機関等関係機関と連携し、妊娠期から子育て期にわたるまでの切れ目のない専門的支援と、地域との連携、社会資源の開発等を行ってきました。

2022（令和4）年6月に改正された児童福祉法では、母子保健における「子育て世代包括支援センター」を児童福祉における「子ども家庭総合支援拠点」と一体化し、全ての妊産婦、子育て世帯、子どもへ一体的に相談支援を行う機能を有する「こども家庭センター」として設置することを、市町村の努力義務としています（児童福祉法第10条の2）。

この改正児童福祉法の施行は2024（令和6）年4月1日からであり、これにより従来の、①児童および妊産婦の福祉や母子保健の相談等、②把握・情報提供、必要な調査・指導等、③保健指導、健康診査等、④関係機関等との総合調整、以上の業務に加え、⑤支援を要する子ども・妊産婦等へのサポートプランの作成、⑥地域資源の開拓などを担うことにより、さらなる支援の充実・強化を図ろうとしています。

⑥要保護児童や特定妊婦への支援

2022（令和4）年6月の児童福祉法改正では、地域で生活する要支援児童や要保護児童、特定妊婦など母子保健と児童福祉の両面から支援が必要な対象に向けて、新たな事業が創設されました。その一例として、以下の事業があります。

「妊産婦等生活援助事業」は家庭生活に支障が生じた特定妊婦等とその子どもを対象に、安心・安全に生活できる住居を準備し、またはこの事業に関連する事業所等に通所、訪問することにより、食事の提供その他日常生活を営むのに必要な便宜の供与、児童の養育に係る相談および助言、母子生活支援施設その他の関係機関との連絡調整、特別養子縁組に係る情報の提供その他の必要な支援を行う事業です。この事業は都道府県、市、福祉事務所設置町村の事業に位置づけられています（第6条の3第18項）。

「子育て世帯訪問支援事業」は要支援児童、要保護児童とその保護者、特定妊婦等を対象（支援を要するヤングケアラーを含む）に家庭を訪問し、子育てに関する情報の提供、家事や養育の支援等を行う事業です。市区町村において計画的に整備を行い、支援が必要な者に対して利用勧奨や措置が実施されます（第6条の3第19項）。

今後はこれらの事業の実施により、地域で生活するすべての児童とその保護者、妊産婦の福祉の向上や児童の健全育成の促進が期待されています。

＊2　**健やか親子21**
当初は2010（平成22）年までの10か年計画でしたが、次世代育成支援対策推進法（p.66を参照）に基づく都道府県行動計画および市町村行動計画（子育て世帯を対象とした、子育て支援、健康の確保および増進、教育環境の整備、住宅および居住環境の確保、職業生活と家庭生活の両立等の支援に関する計画で、5年を1期として策定されます［同法第8条］）と足並みをそろえる形で4年間期間を延長し、2014（同26）年度まで実施されました。

2　健やか親子21

要約　2001（平成13）年から始まった「健やか親子21」は、母子の健康水準の向上や子育て支援に関する指標とその到達目標を設定し、実現に向けて取り組んできました。2015（同27）年度からは、第2次計画に基づいた取り組みが始まっています。

①「健やか親子21」について

「健やか親子21」＊2とは、2001（平成13）年から始まった、母子の健康水準を向上させるためのさまざまな取り組みを、みんなで推進する国民運動計画で、すべての国民が健やかで心豊かに生活できる活力ある社会の実現を目指した計画である「健康日本21」の一翼を担っています。

母子保健法に基づく母子保健施策が乳幼児を主な対象にしているのに対

し、「健やか親子 21」は全年齢の子どもを対象としています。①思春期の保健対策の強化と健康教育の推進、②妊娠・出産に関する安全性と快適さの確保と不妊への支援、③小児保健医療水準を維持・向上させるための環境整備、④子どもの心の安らかな発達の促進と育児不安の軽減といった４つの主要課題を掲げて取り組み、最終的には 69 指標（74 項目）で目標の達成状況や取り組み状況に対する評価が行われました。

その結果、「10 代の性感染症罹患率の減少」や「むし歯のない３歳児の割合 80% 以上」など８割以上の指標で改善が見られたものの、「10 代の自殺率」や「全出生数中の極低出生体重児・低出生体重児の割合」が悪化したほか、「児童虐待による死亡数」などにも変化が見られませんでした。

②「健やか親子 21（第２次）」について

「健やか親子 21」における各指標の分析から見えてきた課題をふまえ、2015（平成 27）年度から新たな 10 か年計画として、「健やか親子 21（第２次）」がスタートしました。第２次計画では、「すべての子どもが健やかに育つ社会」を目指して、これまで掲げてきた課題を見直し、新たに３つの基盤課題 *3 と、２つの重点的に取り組むべき課題を設定しました（図６－４）。

第２次計画では、妊娠から出産、乳児・幼児期から学童期、思春期、成人期へと続く一連の取り組みを実現するために、市町村が策定する母子保健計画への反映をはじめ、次世代育成支援対策推進法に基づく市町村行動計画や子ども・子育て支援法に基づく市町村子ども・子育て支援事業計画との一体的な推進が求められてきました。

＊３　**健やか親子 21（第２次）**
第２次計画では３つの基盤課題のうち、基盤課題ＡとＢは以前から取り組んできたが引き続き改善が必要な課題や、少子化や家族形態の多様化を背景として新たに出現してきた課題であり、基盤課題Ｃは基盤課題ＡとＢを広く下支えする環境づくりを目指すための課題として設定されました。目標を設定する指標は１次計画の 69 指標から 52 指標（再掲２指標を含む）へと減少した一方で、目標を設けない「参考とする指標」28 指標が設定されました。

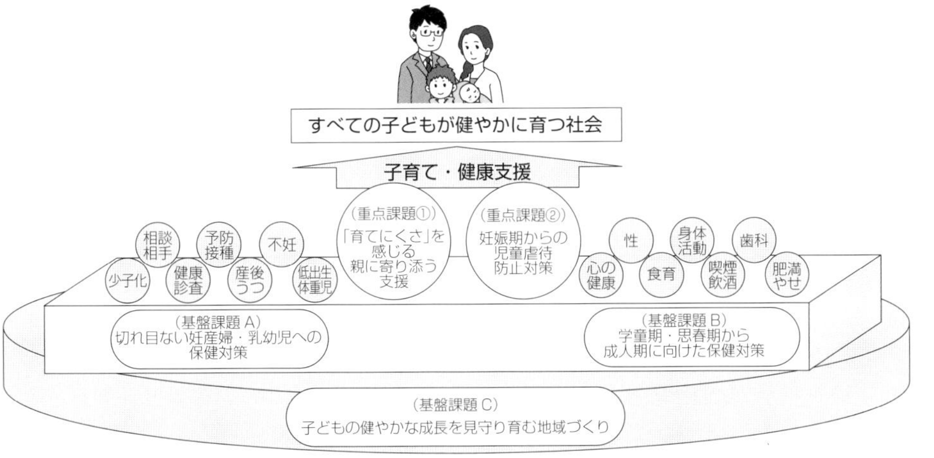

図６－４　「健やか親子 21（第２次）」イメージ図

出典：厚生労働統計協会編『国民衛生の動向　2017/2018』2017 年　p.113

2019（令和元）年に厚生労働省が発表した「『健やか親子 21（第２次）』の中間評価等に関する検討会報告書」では、52 指標のうち 34 指標で改善するなど一定の効果が確認されましたが、「極めて重要な指標である『十代の自殺死亡率』『児童虐待による死亡数』は改善しているとはいえない状況にある」、妊産婦の「大きな課題としてメンタルヘルスケアが残っている」として、これらの指標について引き続き対策が求められることとなりました。

Section 2 ひとり親家庭への福祉施策

3分 Thinking

• ひとり親家庭の半数が経済的な問題を抱えています。その理由について考えてみましょう。

1　子どもの貧困とその対策

要約 近年、「子どもの貧困」問題が社会的関心を集め、それに伴い「子どもの貧困」問題を解決・改善するための各種制度・施策が整えられつつあります。

①子どもの貧困とは

子どもの貧困とは、2000 年代に入って注目を集めるようになった研究の視角です。大人の貧困が自己責任論で語られることが多いのに対し、稼働能力のない子どもの貧困は社会問題として捉えやすく、貧困問題に対する社会的責任を問いやすくなります。

子どもの貧困問題が社会的に注目を集めた結果、2013（平成 25）年には貧困状態にある子どもの健全な育成環境の整備と教育の機会均等を目的とした「子どもの貧困対策の推進に関する法律」が成立し、2014（平成 26）年１月から施行されています（p.67 を参照）*4。

子どもの貧困を見るときには「相対的貧困」という視点が用いられます。これは、社会の構成員として「当たり前の生活」を営むのに必要な水準を欠く状態を指しており、日本では日本国憲法第 25 条に定める「健康で文化的な最低限度の生活」水準が相対的貧困を見る一つの基準であると考えられます[1)]。

＊4
本法に基づき、2014（平成 26）年８月に「子供の貧困対策に関する大綱」が閣議決定されました。本法は 2019（令和元）年６月に改正され、それに伴い子どもの貧困対策に関する施策の検証および評価その他の施策の推進体制に関する事項を追加した新たな大綱が、同年 11 月に策定されました。

②「子供の貧困対策に関する大綱」に基づいた取り組みの一例

子供の貧困対策に関する大綱による取り組みの一つに、生活困窮者自立支援法に基づく学習支援事業があり、2015（平成27）年度から各自治体の裁量で具体的な取り組みが始まっています。直営型（自治体の職員や嘱託・非常勤職員によって実施）と委託型（NPO法人等に委託）があり、それぞれの地域の状況に応じて拠点型やアウトリーチ型などの形態・方法で実施されています*5。生活困窮世帯の子どもに学習の機会を保障し、就学や進学を支援するこの取り組みは、高校や大学への進学や中退の予防に一定の成果をあげています。

現在の日本では、大学等の高等教育機関に就学するために多額の費用負担が発生します。そのため、生活困窮世帯の子どもたちの多くは、奨学金等の何らかの貸付金に頼らざるを得ない状況にあります。しかし、卒業後の雇用が保障されていない現在の社会状況下において、これは極めてリスクの高いシステムといえます。このような背景から、最近では独立行政法人日本学生支援機構において給付型奨学金制度*6が導入されるなど、子どもの貧困を連鎖させない取り組みが広がっています。しかしこれは、経済的理由により修学に困難があるすべての学生に対応する規模ではないため、今後は本制度の拡充や大学等高等教育機関の授業料無償化など、さらに進んだ議論を継続して行っていくことが求められています。

＊5　原則、費用の半分を国が補助することとなっています。

＊6
2017（平成29）年の「独立行政法人日本学生支援機構法」の改正により、経済的理由により修学に困難がある学生等に対する給付型奨学金制度が成立しました。

2　子どもの貧困とひとり親家庭

要約　「子どもの貧困」問題は、ひとり親家庭でより顕著となっており、半数が貧困状態にあることが国の調査などによって明らかにされています。

①「子どもの貧困」問題

子どもの貧困率*7の推移を見ると、1985（昭和60）年以降上昇傾向にありましたが、近年若干の改善を見せ、2021（令和3）年現在は11.5%となっています（図6－5）。

子どもの貧困とは、子どもが生活している家庭が貧困状態に置かれていることを表しており、それは特にひとり親家庭で顕著になっています。ひとり親家庭の貧困率は近年ようやく5割を切る水準にあり、今もなお半数近くが貧困状態に置かれています。

＊7　**子どもの貧困率**
18歳未満の子ども全体に占める貧困線（等価可処分所得［世帯の可処分所得を世帯人員の平方根で割って調整した所得］の中央値の半分の額）に満たない18歳未満の子どもの割合のこと。

②ひとり親家庭の貧困と母子家庭

ひとり親家庭のなかでも母子家庭は、父子家庭に比べて経済的に困窮する傾向にあります。厚生労働省が2020（令和2）年に調査した「令和３年度全国ひとり親世帯等調査結果報告」における、ひとり親家庭の親の収入分布を見ると、母子家庭の母親の就労収入は生別、死別ともに低位に偏っていることがわかります（図6－6）。ひとり親家庭の経済的な困窮が最も顕著に表れているのは離婚等による生別母子家庭であり、図６－７の社会保障給付費等を含めた世帯の収入状況を見ると、生別、死別ともに母子家庭の収入状況は改善されますが、父子家庭と比べると依然として低位に留め置かれています。

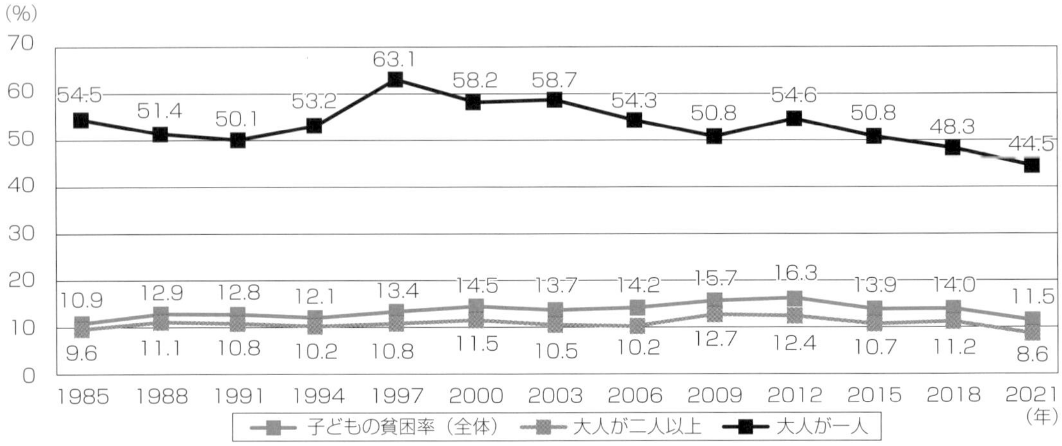

注１：大人とは 18 歳以上の者、子どもとは 17 歳以下の者をいいます。
注２：2018 年からは従来の可処分所得から更に「自動車税・自動車重量税」、「企業年金の掛金」及び「仕送り額」を差し引いた OECD の所得定義の新たな基準により算出した値を使用している。

図６－５　子育て世帯の貧困率

出典：厚生労働省「2022（令和４）年　国民生活基礎調査の概況」をもとに筆者作成

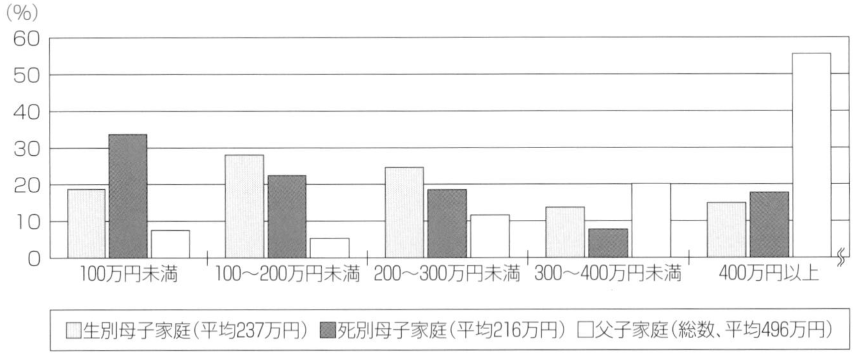

図６－６　母子家庭の母、父子家庭の父の年間就労収入の分布（2020 年）

出典：厚生労働省「令和３年度全国ひとり親世帯等調査結果報告」をもとに筆者作成

③増加する生別母子家庭とその支援

ひとり親家庭のなかでも生別母子家庭は、最も経済的に困窮していることから、ひとり親家庭に対する福祉施策の中心的な対象となっています。

図６－８を見ると、1960年代の中ごろに親権者の転換があり、それ以降、離婚の増加とともに生別母子家庭が増加していることがわかります。これに伴い、経済的に困窮するひとり親家庭も増加しており、近年その支援が子どもの貧困対策の主要課題にも取り上げられています。子どもの貧困問題の解決・改善のためには、ひとり親家庭に対する福祉施策の拡充が不可欠です。

次項では、そのなかでも就労支援と所得保障に注目して、ひとり親家庭に対する福祉施策の現状と課題について考えていきたいと思います。

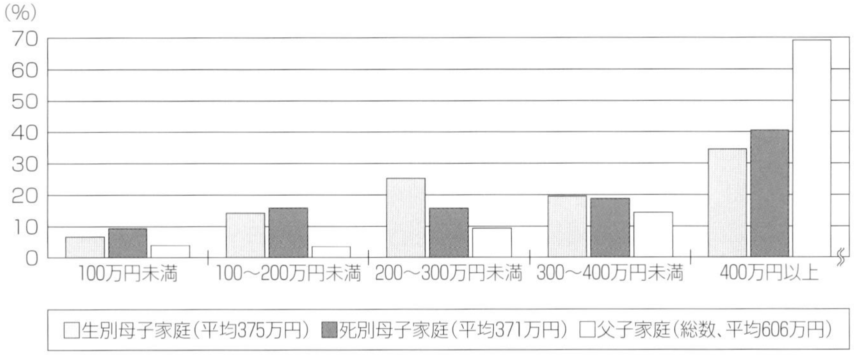

図６－７　ひとり親家庭の世帯の年間収入の分布（2020年）

出典：図６－６と同様

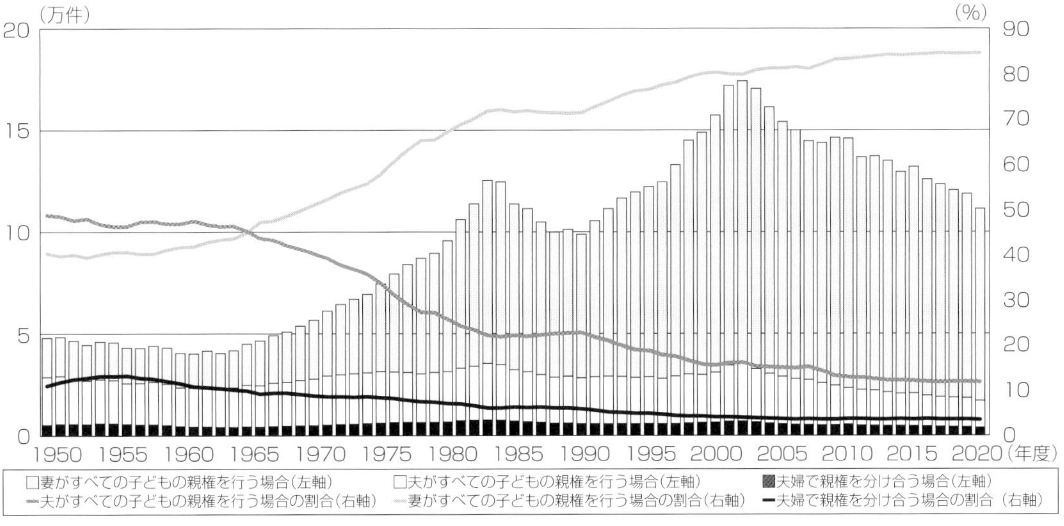

図６－８　親権を行う者別に見た離婚件数および構成比の変移

出典：厚生労働省「人口動態統計特殊報告」をもとに筆者作成

3　ひとり親家庭と就労支援

要約 ひとり親家庭の経済的困窮に対する福祉施策の一つに、「母子家庭自立支援給付金及び父子家庭自立支援給付金事業」*8があります。この事業はひとり親家庭の経済的自立を目指した就労支援施策であり、各都道府県・市・福祉事務所設置町村単位で取り組みが進められています。

①自立支援教育訓練給付金事業

子ども（この事業の場合、20歳に満たない者）を扶養している母子家庭の母または父子家庭の父を対象として、就職に有効と認められる資格・技能の修得にかかる経費の一部を給付する制度です。①児童扶養手当の支給を受けているかまたは同等の所得水準にあること、②就業経験、技能、資格の取得状況や労働市場の状況などから判断して、当該教育訓練が適職に就くために必要であると認められること、以上すべての要件を満たしている必要があり、受講前に都道府県等各実施自治体から講座の指定を受ける必要があります。

対象となる講座は雇用保険制度の教育訓練給付の指定教育訓練講座のほか、これに準じて都道府県等各実施自治体の長が地域の実情に応じて対象とする講座です。情報関係、事務関係、専門的サービス関係、営業・販売・サービス関係、社会福祉・保健衛生関係、自動車免許・技能講習関係、技術関係、製造関係など多岐にわたる分野・領域の資格・技能がその対象となっています。

＊8　**母子家庭自立支援給付金及び父子家庭自立支援給付金事業**
当初、母子及び寡婦福祉法（現・母子及び父子並びに寡婦福祉法）第31条を根拠とした「母子家庭自立支援給付金事業」として、母子家庭の母親を対象に2003（平成15）年4月から実施されました。その後、2013（同25）年度より対象を父子家庭の父親にも拡大するとともに現名称に改められ「自立支援教育訓練給付金」と「高等職業訓練促進給付金等事業」として運用されています。

②高等職業訓練促進給付金等事業

子ども（この事業の場合、20歳に満たない者）を扶養している母子家庭の母または父子家庭の父が、看護師、介護福祉士、保育士等就職の際に有利となる資格取得のため、１年以上養成機関で修業する場合に、修業期間中の生活の負担軽減を目的とした「高等職業訓練促進給付金」、および入学時の負担軽減を目的とした「高等職業訓練修了支援給付金」を支給する事業です。2013（平成25）年度までは「高等技能訓練促進費等事業」という名称でした。

受給要件は、①児童扶養手当の支給を受けているかまたは同等の所得水準にあること、②養成機関において１年以上のカリキュラムを修業し、対象資格の取得が見込まれること、③仕事または育児と修業の両立が困難であること、以上すべての要件を満たしている必要があります。

高等職業訓練促進給付金は月額10万円（市町村民税非課税世帯）もしくは7万500円（市町村民税課税世帯）が、３年を上限とした修業期間の全期間支給されます。高等職業訓練修了支援給付金は、５万円（市町村民税非課税世帯）

もしくは2万5,000円（市町村民税課税世帯）が、修業後に支給されます。

③「母子家庭自立支援給付金及び父子家庭自立支援給付金事業」の課題

本事業の利用状況は図6－9の通りです。2003（平成15）年の事業開始当初は自立支援教育訓練給付金の利用者の方が多かったものの、その後は就職に有利な看護師等専門資格の取得を目指した高等職業訓練促進給付金等事業の利用者が増加しています。厚生労働省「ひとり親家庭等の支援について」（2023［令和5］年4月）を見ると、2020（令和元）年度の高等職業訓練促進給付金等事業利用者の資格取得状況は、保育士（170人［6.3%］）や介護福祉士（29人［1.1%］）といった福祉系資格取得者に対して、医療系資格である看護師と准看護師の取得者が全体の76.5%（2,068人）を占めています。特に、看護師と准看護師については資格取得者のうち1,571人が就業に結び付いており、その93.1%（1,463人）が常勤雇用されています。ひとり親家庭の親が経済的に安定した職業に就くには、看護師や准看護師といった医療系資格が有効であることが、資格取得者の実態から見て取れます。ただし、資格取得には既存の養成機関を利用するため、学力や学歴など入学資格を満たす必要があり、その取得は容易ではありません。結果として、ひとり親家庭の生活を安定させるための所得保障制度が必要になります。

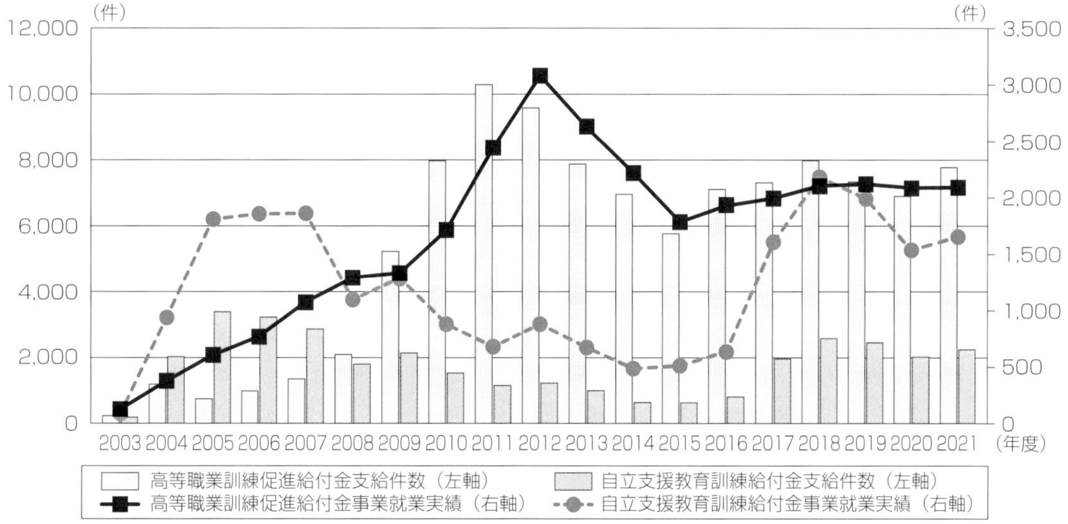

図6－9　母子家庭自立支援給付金と父子家庭自立支援給付金事業の利用状況および就業実績

出典：厚生労働省雇用均等・児童家庭局家庭福祉課母子家庭等自立支援室「母子家庭の母の自立支援関連資料」「平成22年度母子家庭等対策の実施状況」「平成27年度母子家庭の母及び父子家庭の父の自立支援施策の実施状況」厚生労働省子ども家庭局家庭福祉課母子家庭等自立支援室「平成29年度母子家庭の母及び父子家庭の父の自立支援施策の実施状況」「令和3年度母子家庭の母及び父子家庭の父の自立支援施策の実施状況」より筆者作成

4　ひとり親家庭に対する所得保障

要約　ひとり親家庭に対する代表的な所得保障制度に、児童扶養手当があります。制度成立当初は母子家庭だけを対象としていましたが、現在では父子家庭もその対象として、ひとり親家庭の低所得問題に対応しています。

①児童扶養手当制度創設の背景

児童扶養手当はひとり親家庭で生活する子どもの福祉の増進を目的に支給される社会手当です。児童扶養手当法では、「児童の心身の健やかな成長に寄与することを趣旨として支給されるもの」と規定されており、一定の所得以下のひとり親家庭に支給されます。

児童扶養手当制度創設の背景には、1959（昭和34）年に創設された母子福祉年金の存在がありました。母子福祉年金が死別母子家庭だけを対象としていたことから、これを補完する形で母子福祉年金を受給できない生別母子家庭を対象に創設されました＊9。そのため、創設当初は母子福祉年金と連動する形で運用されており、所得制限は母子福祉年金と同額、支給額も1970（同45）年10月以降は母子福祉年金と同額とされました。

ところが、高度経済成長が低成長へと転じ「日本型福祉社会」が指向されるなかで第二次臨時行政調査会が発足すると、生活保護、児童扶養手当、児童手当といった一連の所得保障制度に対する引き締めが行われました。児童扶養手当は1985（昭和60）年3月の法改正によって母子福祉年金と異なる体系の所得制限が設けられ、それ以降は独自に運用されています＊10。

＊9
本制度の創設について、国は「経済的には死別母子世帯とほとんど同じように苦しく、夫または父に生き別れになったという意味での不幸は、死別母子世帯にも劣らぬものがあろうから、このような事情がじゅうぶん考慮されてしかるべき」2) であるという考え方を示しています。

＊10
児童扶養手当支給額の実質的な引き下げを行ったこの改革は、「妻という地位を離れ自分の経済力で子どもを養育している女性に対して、社会が厳しい圧力をかけたに等しい」3) として、社会保障研究の分野から批判されています。

②児童扶養手当をめぐる最近の動向

児童扶養手当は当初、母子家庭だけを対象としていました。しかし、父子家庭も母子家庭と同様に経済的な問題を抱えやすいことから、2010（平成22）年8月以降は支給対象に含まれています。

また、支給要件に「父母が婚姻を解消した児童」と定められていることから、以前は父母が婚姻関係を解消せずに別居した場合、一方の親が1年以上扶養・監護義務をまったく放棄していることが明らかになるまでひとり親家庭に準ずる状態として扱われず、支給されませんでした。しかし、近年配偶者からの暴力（ドメスティック・バイオレンス［以下「DV」］）によって避難している親子（その多くは母子）の増加を受けて要件を見直し、2012（平成24）年8月以降は、裁判所からDV保護命令が出された場合、すぐに受給できるようになっています。さらに、2014（同26）年12月以降、これまで公的年金と併給できなかった要件を見直し、年金額が児童扶養手当額より低い場合、その差額分の児童扶養手当を受給できるようになっています。

　最近では、社会問題化している子どもの貧困問題を背景に、特にその傾向が顕著なひとり親家庭対策として、児童扶養手当における第２子および第３子以降の加算額が 2016（平成 28）年８月から増額（第１子は月額最大４万2,330 円のまま、第２子月額 5,000 円から最大１万円へ、第３子以降 3,000 円から最大 6,000 円へ）されるとともに子どもが２人以上の場合の加算額に対する物価スライド制[*11]の適用が 2017（同 29）年４月から導入されています。抑制一辺倒であった児童扶養手当制度に生じたこの変化は、当事者や支援者から肯定的な評価を得ているところです。さらに、2019（令和元）年 11 月分からは、従来の年３回の４か月分ずつ支給を改め、年６回の２か月分ずつの支給にするなど、当事者の生活実態に即した制度に改正されています。

＊11　**物価スライド制**
ものの価格の上がり下がりを表した「全国消費者物価指数」に合わせて、支給する額を変える仕組みのこと。支給額は 2019（平成31）年４月分以降、第1子が 43,060 円～10,160 円、第2子が 10,170 円～5,090 円、第３子以降は 6,100 円～3,050 円がそれぞれ所得に応じて支給されています。

【引用文献】

1）浅井春夫・松本伊智朗・湯澤直美編『子どもの貧困―子ども時代のしあわせ平等のために―』明石書店　2008 年　p.34

2）厚生省大臣官房企画室編『厚生白書―福祉国家への途―昭和 35 年度版』大蔵省印刷局　1961 年　p.207

3）藤原千沙「貧困元年としての 1985 年―制度が生んだ女性の貧困―」『女たちの 21 世紀』No.57　アジア女性資料センター　2009 年　p.20

【参考文献】

●厚生労働統計協会『国民衛生の動向　2019/2020』2019 年

●保育福祉小六法編集委員会編『保育福祉小六法　2019 年版』みらい

【参考ホームページ】

●厚生労働省「ひとり親家庭の支援について（平成 31 年４月）」
http://www.mhlw.go.jp/content/000522200.pdf

●厚生労働省「『健やか親子 21（第２次）』の中間評価等に関する検討会報告書（2019 年８月）」
https://www.mhlw.go.jp/content/11901000/000614300.pdf（2023年８月９日閲覧）

●学びを振り返るアウトプットノート

年　月　日(　)　第(　)限　　学籍番号＿＿＿＿＿＿＿＿　　氏名＿＿＿＿＿＿＿＿＿＿＿＿＿＿＿＿

❖ このChapterで学んだこと、そのなかで感じたこと（テーマを変更してもOK）

❖ 理解できなかったこと、疑問点（テーマを変更してもOK）

❖ TRYしてみよう ❖

1 母子保健法では乳幼児を対象とした健康診査の実施を（　　　　　）に義務付けている。

2 「健やか親子21」最終評価、「健やか親子21（第2次）」中間評価ともに、「十代の自殺死亡率」、「児童虐待による死亡数」は改善（　　　　　　　　）。

3 父母が婚姻を解消していなくても、裁判所から出された（　　　　　　　　）があればすぐに児童扶養手当を受給できる。

○ コラム⑥ 保育士を志す学生に伝えたい「子どものいる家族の健康」 ○

保育の現場では、「健康」という言葉を見聞きすると、子どもの突然の健康障害（異常症状）を連想することが多いでしょう。発熱や脱水、感染症に由来する嘔吐や下痢、喘息発作や誤飲による窒息、外傷や骨折、意識障害など症状はさまざまです。こうした子どもの状況は、視点を変えてみると、子ども自身の健康が脅かされているだけでなく、家族全体の健康にも影響を与えていると考えることができます。

保育士が向き合う多くの家族は、家族の発達段階でいう「養育期」にあたります。これは、個人の成長発達に段階と課題があるように、家族にも発達段階ごとに発達課題があり、これらを乗り越えていく過程で、家族は集団として成長していくという考え方に基づいています。養育期の発達課題には、「親役割の獲得」や「子どもの社会化を促す」などがあり、児童福祉施設に子どもを預ける家族は、単純に親の年齢が若くて未熟なだけでなく、家族としての歴史も浅く、子育ての知識や経験など家族の資源が十分ではない段階にあるといえます。

一方で、家族の健康とは、集団としての家族がセルフケア（自分で自分をケアする）機能を拡大し、家族員の個々の事情に影響を受けながらも発達課題を達成し、その家族らしく安定している状態を指します。前述のように、家族の資源が十分ではない場合、子どもの健康障害の程度によっては、仕事や家事・育児・看病といった家族内役割のバランスが崩れ、困惑し苦悩することも少なくありません。家族の健康を維持することが難しくなり、他者の手助けを必要としている可能性もあるのです。

このように、子どものいる家族の健康を考える際には、子どもと家族を切り離さない視点に立ち、家族が今置かれている状況や達成すべき発達課題について考えることも重要になります。

また、保育士は、子どもを介して家族の日常に関わる専門職として、ありのままの家族を認めて受け入れる姿勢が求められます。現代社会において、家族に対する価値観は多様です。「家族は子どもにとって〇〇であるべき」といった“理想の家族像（家族観）”が、必ずしもあてはまるとは限りません。目の前にいる子どものことを思うあまり、家族に過度な期待をしたり負のレッテルを貼ったりすることのないように、自己の家族観を自覚しておくことが肝要です。

加えて、子どもの生命や健康を安全に預かるためにも、保育士自身が心身ともに健康であることが不可欠です。複雑な事情を抱える家族との関わりに戸惑い、傷付くこともあるかもしれません。そうしたときは、信頼できる仲間と体験を共有し、しっかりと感情を吐き出して、心の立て直しを図りましょう。保育士のセルフケアを大切にすることが、家族に関心を寄せたいと思う心の余裕を生み、家族の行動や言動を冷静に理解することを助け、結果として、子どもを育む家族全体の健康を支えることにつながるのです。

参考文献：鈴木和子・渡辺裕子・佐藤律子『家族看護学 理論と実践　第5版』日本看護協会出版会　2019年

1 市町村　2 していない　3 DV保護命令

Chapter 7 子ども虐待とDV問題の防止施策

●イメージをつかむインプットノート

Section 1 「子どもへの虐待問題」のアウトライン

児童虐待の防止等に関する法律（以下「児童虐待防止法」）に基づく４形態の定義を取り上げて児童虐待（子ども虐待）とは何かを整理します。そして、子ども虐待の歴史を振り返るとともに、現状と課題について把握します（p.116）。

Keyword

- ☑ 児童虐待防止法
- ☑ 身体的虐待
- ☑ 心理的虐待
- ☑ 性的虐待
- ☑ ネグレクト
- ☑ 児童虐待相談対応件数
- ☑ 児童の権利に関する条約（子どもの権利条約）

児童文学作品のなかにも
「子ども虐待」が描かれている！？

Section 2 「DV問題」のアウトライン

ドメスティック・バイオレンス（以下「DV」）とは何かについて、配偶者からの暴力の防止及び被害者の保護等に関する法律（以下「DV防止法」）の定義から確認し、DVの現状と子ども虐待との相関関係を理解します（p.122）。

Keyword

- ☑ DV
- ☑ 配偶者暴力相談支援センター

Section 3 「子ども虐待・DV 問題への対策」のアウトライン

児童福祉法と児童虐待防止法に基づく子ども虐待を防止する制度と仕組みを理解します。また、虐待の発生予防から発生時の対応、発生後における保護された子どもと家族への総合的な子ども虐待対策を理解します。そして、DV 防止法に基づく DV 防止対策の概要を把握します（p.125）。

Keyword

- ☐ 要保護児童対策地域協議会
- ☐ オレンジリボン運動
- ☐ 母子健康包括支援センター
  （子育て世代包括支援センター）
- ☐ 臨検　☐ 親権　☐ 体罰禁止
- ☐ アウトリーチ
- ☐ 接近禁止命令
- ☐ シェルター

Section 1 子どもへの虐待問題

3分 Thinking

- 大人が子どもの心身を傷付けていると思われた場面（映画・ドラマなど）を思い出してみましょう。大人と子どもの双方の立場から、その時の気持ちを考えてみましょう。

1 子ども虐待とは

要約 子ども虐待*1は、親などの保護者から子どもに対して行われる人権侵害であり、①身体的虐待、②性的虐待、③ネグレクト、④心理的虐待と分類されています。子どもの目の前で行われる配偶者間の暴力行為（ドメスティック・バイオレンス〔DV〕）も心理的虐待に含まれます。

＊1
本書では引用部分等を除き「児童虐待」を「子ども虐待」と表記します。

子ども虐待の問題は、今日の子どもと子育てをめぐる最も深刻な社会問題だといえます。日本では子ども虐待を防止するために「児童虐待の防止等に関する法律（以下「児童虐待防止法」）」（p.66を参照）が2000（平成12）年に制定されました。しかし、いまだに子ども虐待はなくならず、命を落とす子どもも後を絶ちません。そこで、この法律を確認しながら子ども虐待とは何かを理解していきましょう。

①子ども虐待は著しい人権侵害である

児童虐待防止法は、「児童虐待」を「児童の人権を著しく侵害し、その心身の成長及び人格の形成に重大な影響を与える」行為であり、「我が国における将来の世代の育成にも懸念を及ぼす」と指摘しています。そして、「児童に対する虐待の禁止、児童虐待の予防及び早期発見その他の児童虐待の防止に関する国及び地方公共団体の責務、児童虐待を受けた児童の保護及び自立の支援のための措置等を定め（中略）児童の権利利益の擁護に資すること」を法律の目的と定めています（第1条）。

②子ども虐待は親・保護者から子どもに対する4形態の加害行為である

子ども虐待の定義は、児童虐待防止法の第2条に「保護者がその監護する児童について行う」以下の行為とされています。保護者のなかには親権者だけでなく法定保護者（未成年後見人等）や同居人が含まれます。

表7－1　子ども虐待の４形態

①　身体的虐待

子どもの身体に外傷が生じ、または生じるおそれのある暴行を加えること（殴る、蹴る、もので叩く、タバコの火を押し付けるなど）。

②　性的虐待

子どもにわいせつな行為をすること、または子どもにわいせつな行為をさせること（性交や性的な行為を強要する、性器や性交、性的画像を見せるなど）。

③　ネグレクト（養育の怠慢・拒否）

子どもの心身の正常な発達を妨げるような著しい減食または長時間の放置、保護者以外の同居人による「①」「②」「④」に掲げる行為と同様の行為の放置その他の保護者としての監護を著しく怠ること（食事を与えない、入浴させない、病気やけがの処置をしない、乳幼児だけ家に残して遊びに出かける、同居人による虐待を放置するなど）。

④　心理的虐待

子どもに対する著しい暴言または著しく拒絶的な対応、子どもが同居する家庭における配偶者（事実婚を含む）に対する暴力その他の子どもに著しい心理的外傷を与える言動を行うこと（暴言を繰り返す、無視をする、ほかのきょうだいと著しく差別的な対応をする、子どもの目の前で同居している配偶者を暴行するなど）。

2　子ども虐待の歴史

要約　子ども虐待は、古今東西に行われてきたことが記録され、有名な児童文学作品のなかでも描かれています。しかし20世紀の後半になると、子ども虐待が世界中で社会問題となりました。そのきっかけは、子ども虐待に対する研究報告と、国連で採択された児童の権利に関する条約（子どもの権利条約）だといえます。

①子ども虐待はいつからあるのか

子ども虐待はいつごろから行われてきたのでしょうか。古代ローマの時代には親が子どもを殺害したとしても罪に問われなかったといわれます。産業革命期のイギリスでは幼子どもが鞭（むち）に打たれながら鉱山や工場で働かされていたことが記録されています。近代以前の日本でも、戦乱や飢饉のなかで子捨てや子殺しが繰り返されてきたという歴史があります。いつの時代にも、大人たちによって虐げられてきた子どもたちがいたことを忘れてはなりません。

②児童文学のなかの虐待描写

親に捨てられる「ヘンゼルとグレーテル」などが収録される『グリム童話』は子ども虐待を想起させる作品が多いといわれます。また、マーク・トウェイン原作の『トム・ソーヤの冒険』や『ハックルベリ・フィンの冒険』に登場するトムは元気のいい男の子ですが、いたずらをしては親戚のおばさんから体罰を受けています。ハックは浮浪児ですが、学校にも行かずに森のなかで一人で暮らす様子はネグレクトといえるのかもしれません。

私たちが当たり前のように親しんできた児童文学作品の描写の背景にある子どもの虐待にも気付くことができるでしょう。

③調査・研究の進展から子どもの権利保障の時代へ

第二次世界大戦末期（1945年1月）のイギリスにおいて、親の虐待から保護されていたデニス（当時13歳）が行政当局の不手際と、里親からの虐待により死亡するという痛ましい事件が起きました。このデニス・オニール事件は公式調査が初めて行われた子ども虐待事件となり、戦後のイギリスにおける児童保護制度にその検証結果が生かされました。

1960年代にアメリカの小児科医ヘンリー・ケンプ（Kempe,C.H.）は、家庭から病院に搬送される子どもの多くが身体的外傷の影響を受けているという「被殴打症候群」の報告を行い、家庭内の子ども虐待が極めて深刻で一般的な状況にあるという事実を明らかにしました。

1989年に国連で「児童の権利に関する条約（子どもの権利条約）」が採択され、日本政府も1994（平成6）年に批准して子どもの権利を守ろうという機運が高まりました。そのなかで、子ども虐待事件を取り上げる報道が増えて社会的な関心が高まり、国会での審議の結果、全会派の賛成で児童虐待防止法が制定（2000［同12］年）されました。

3　子ども虐待の現状と実態

要約　2022（令和4）年度の子ども虐待の相談対応件数は21万9千件（速報値）を超え過去最多となりました。近年は特に心理的虐待の増加が目立ち、全体の5割弱に上ります。虐待の主たる加害者の大半は実父母です。被害児童の年齢は乳幼児だけで4割を超えます。

①児童相談所における虐待相談

図7－1は、全国の児童相談所で処理された子ども虐待の相談対応件数の推移を示しています。2022（令和4）年度には21万9千件を超え、統計を取りはじめた1990（同2）年から32年間で約200倍に増加していま

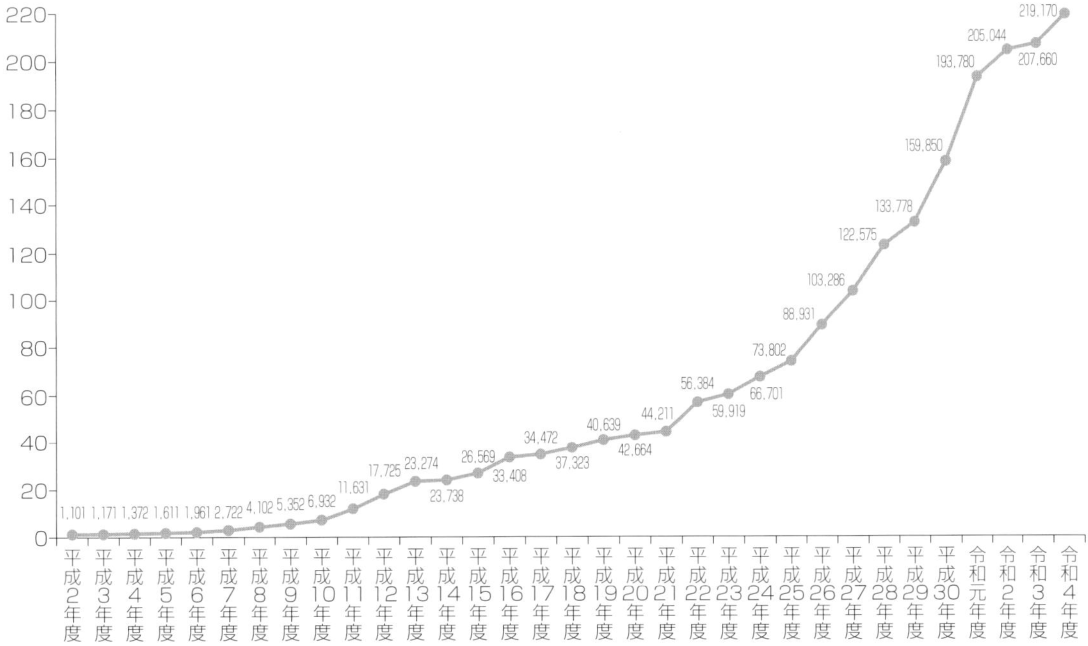

年　度	平成22年度	平成23年度	平成24年度	平成25年度	平成26年度	平成27年度	平成28年度	平成29年度	平成30年度	令和元年度	令和2年度	令和3年度	令和4年度（速報値）
件　数	注56,384	59,919	66,701	73,802	88,931	103,286	122,575	133,778	159,838	193,780	205,044	207,660	219,170
対前年度比	―	―	111.3%	110.6%	120.5%	116.1%	118.7%	109.1%	119.5%	121.2%	105.8%	101.3%	105.5%

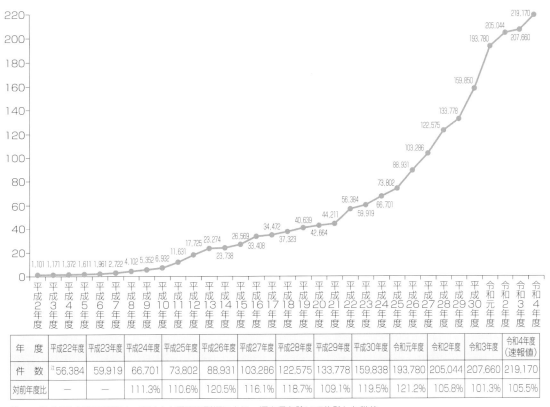

注　：平成22年度の件数は、東日本大震災の影響により、福島県を除いて集計した数値。

図７－１　児童相談所における子ども虐待の相談対応件数の推移

出典：こども家庭庁「令和４年度児童相談所での児童虐待相談対応件数（速報値）」2023年

す。ただ、この数値は虐待の実数を表しているものではありません。社会的な関心が高まってきたことも背景にあり、子どもの「泣き声」だけを理由とする通告への相談対応件数等も含まれています。

虐待の形態としては、心理的虐待が59.1%と最も多く、身体的虐待23.6%、ネグレクト16.2%、性的虐待1.1%と続きます（図７－２）。近年の増加が顕著な心理的虐待は、子どもの面前で行われるドメスティック・バイオレンス（以下「DV」：この場合は「面前DV」といいます）が含まれるため、警察からの相談や通告が増えた結果ともいえます。性的虐待は見つかりにくいため、実数はもっと多いといわれます。ただし、実際の虐待は複合的に行われることも多いため、このように単純に分類できるとは限りません。

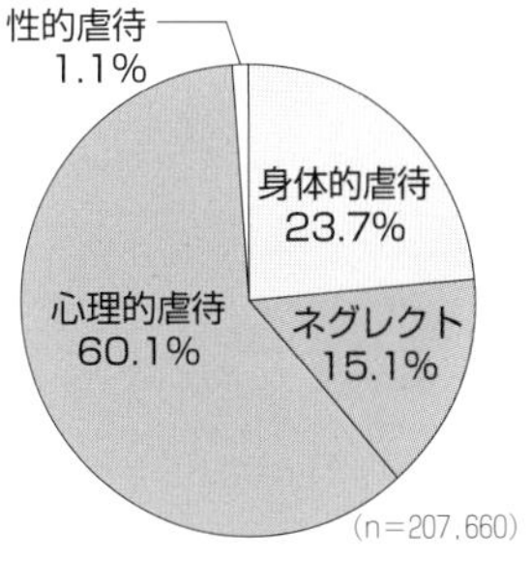

図７－２　虐待の内容別相談件数の構成比（2011［令和３］年度）

出典：こども家庭庁「令和４年度児童相談所での児童虐待相談対応件数」2023年をもとに筆者作成

②死亡事例の被害者と加害者

こども家庭庁が公表した「子ども虐待による死亡事例等の検証結果につい

て（第19次報告）」によれば、2022（令和3）年4月1日から1年間の子ども虐待による死亡事例は、心中以外の虐待死が50件（50人）、心中による虐待死が18件（24人）となり、合計68件（74人）だったと報告されています。

死亡した子どもをみると、3歳未満児が全体の62.0%に当たる31人となり、そのうち0歳児が24人（48.0%）、うち「月齢0か月児」が6人（25.0%）いました。そして、「内縁関係」や「再婚等」の事例では「1～5歳」の「どこにも所属しない」子どもが多いこと、「ひとり親（同居者あり）」の事例の68.4%が未婚であり、死亡時の子どもの年齢が「0日」や生後1週間未満が半数を占め、遺棄や医療機関以外の出産が多い一方、「再婚等」の家庭では死亡時の子どもの年齢が「3歳」以上が半数以上となっています。

主たる加害者は、「実母」が20人（40.0%）と最も多く、次いで「実父」が6人（12.0%）、「実母と実父」が3人（6.0%）です。加害の動機は「予期しない妊娠」「低体重児（2,500g未満）」など妊娠期・周産期における問題や「育児不安」「養育能力の低さ」「精神障害」など養育者の心理的・精神的問題等が多いようです。また、ひとり親（同居者なし）では生活保護受給世帯や非課税世帯も多く、地域社会や親族との接触がほとんどありませんでした。

これらの背景には子育てをする若い親を取り巻く労働・雇用環境の悪化と貧困、親族や地域社会からの孤立が指摘されています。また、児童相談所が関与しながらも救えなかった事例も少なくありません。

③子ども虐待が発生するリスク

虐待が発生するリスクは、「①養育者」「②生活環境」「③援助過程」「④子ども」という4つの側面から考えることができます。実際の虐待は表7－2に示されるような要因が複雑に絡み合って発生し、重篤化すれば子どもの死亡につながります。また、例えば保護者の不安定就労や貧困の背景には、劣悪な労働・雇用環境や保護者自身の生い立ちからの貧困の連鎖の問題等が隠れていたり、転居を繰り返して孤立化する背景には、家族を取り巻く地域や地域環境のあり方が隠されていたりします。このように、保護者の個人的な問題とされる側面のなかにも社会的な問題が含まれているという視点を持つ必要があります。

そのため、援助にあたる立場にある人は、虐待は誰にでも起こり得るものであり、始めから虐待をしたいと思っている親などいないことを理解し、受容的・非審判的姿勢と家族統合を心がけながら、関係機関と十分に連携し、必要に応じて保護することも辞さないという毅然とした対応が求められています。

表７－２　虐待発生のリスク

①養育環境の要因	②援助側の要因	③保護者側の要因	④子どもの要因
・地域からの孤立 ・ひとり親家庭 ・不安定雇用環境 ・格差社会 ・偏見と差別 ・無関心　等	・法的不備 ・援助体制の不備 ・児童相談所職員の不足 ・連携不足 ・一時保護所不足 ・専門性の不足 ・社会的養護体制の遅れ　等	・精神疾患 ・知的障害 ・被虐待の体験 ・実家から疎遠 ・望まない妊娠 ・転居を繰り返す ・不安定就労 ・貧困状態　等	・未熟児 ・障害児 ・育てにくい性格 ・多胎児 ・発達の遅れ　等

4　子ども虐待の新たな課題

要約　施設や里親等で発生する子ども虐待（被措置児童虐待）についても児童福祉法で禁止されています。また、居住実態が把握できない子どもや人身取引＊2被害にあっている女性や少女の問題は、子ども虐待の新たな課題になっています。

①被措置児童等虐待など組織的虐待の問題

被措置児童等虐待とは、里親委託、施設入所措置、一時保護された子どもに対する、里親や施設職員、児童相談所職員等が行う身体的暴行やわいせつな行為、ネグレクト、暴言や拒否的な対応を指す言葉です（児童福祉法第33条の10）。実際には措置された子ども間で発生するいじめや暴力行為を放置することも、被措置児童等虐待に含まれます。保護された子どもが、施設や里親家庭等で再び虐待に遭うことは絶対に起きてはならないことですが、残念ながら一部の施設や里親等において被措置児童等虐待が発生し、事件化することもありました。そこで、児童福祉法は、「被措置児童等虐待」を禁止し（同法第33条の11）、被措置児童等虐待を発見したものは、都道府県の福祉事務所や児童相談所等へ速やかに通告しなくてはならず、被措置児童自身が通告することもできる（同法第33条の12）と定めています。

このような被措置児童等虐待に加え、一部の新興宗教団体等で発生する組織的な子ども虐待の問題も新たな課題になっています。

＊2　**人身取引**
「国際的な組織犯罪の防止に関する国際連合条約を補足する人（特に女性及び児童）の取引を防止し、抑止し及び処罰するための議定書」において、性的搾取、危険な児童労働を含む強制労働、臓器売買などを幅広く含む国際組織犯罪として規定されています。

②居所不明児童・人身取引被害者の問題

住民票があるにも関わらず乳幼児健診が未受診であることや、学齢期に就学することもなく、電話や家庭訪問による連絡ができずに所在がわからないままになっていた「居住実態が把握できない児童」が、2014（平成26）年５月１日時点で全国に2,908人いることが明らかとなりました。その後、国と都道府県、市町村が一体となって把握に努めた結果、かなりの数の子どもの所在が明らかとなりましたが、2018（同30）年4月1日現在で28名の子どもが、所在不明のままになっています（厚生労働省「平成29年度『居住実態が把握できない児童』に関する調査結果」2018年）。

一方、2021（令和4）年3月31日現在における婦人相談所（p.124を参照）等で保護を行った、人身取引被害にあった女性は、2001（平成13）年以降合計479名となり、そのうち18歳未満は24名、最年少は11歳となっています（厚生労働省「婦人相談所等における人身取引被害者の保護の状況」2022年）。

これらの問題は、子ども虐待に直結する深刻な課題だといえます。

Section 2 DV問題

3分 Thinking

- なぜDVが子どもの心理的虐待に含まれるのか考えてみましょう。

1 DVとは

要約 「配偶者からの暴力の防止及び被害者の保護等に関する法律（DV防止法）」は、DVを配偶者からの暴力等と位置付け、重大な人権侵害であり個人の尊厳を害し、男女平等の実現を妨げると指摘しています。

DVは、一般的には配偶者や恋人など親密な関係にある男性から女性に対する暴力行為を意味しています。日本では2001（平成13）年に「配偶者からの暴力の防止及び被害者の保護等に関する法律（以下「DV防止法」）」が制定されました[*3]。そこで、DVとは何かを理解するためにDV防止法を確認していきます。

＊3
制定当初は「配偶者からの暴力及び被害者の保護に関する法律」との名称でしたが、2013（平成25）年の改正により、現題名に改称されています。

① DVは配偶者からの暴力である

DV防止法の第1条では、「配偶者からの暴力」を「配偶者からの身体に対する暴力、又はこれに準ずる心身に有害な影響を及ぼす言動（身体に対する暴力等）」と定義しています。そして「配偶者」には、婚姻の届け出をしていなくても事実上婚姻関係と同様の事情にあるものを含み、離婚などによって婚姻関係が解消されたのちに、元「配偶者」から引き続き受ける身体に対する暴力等もDVに含まれるとしています。

② DVは重大な人権侵害である

DV防止法の前文では、「配偶者からの暴力は、犯罪となる行為をも含む重大な人権侵害」であり、「個人の尊厳を害し、男女平等の実現の妨げとなっている」と指摘し、「このような状況を改善し、人権の擁護と男女平等の実現を図るためには、配偶者からの暴力を防止し、被害者を保護するための施策を講ずることが必要」であるため、本法を制定すると説明しています。

2　DVの現状

要約 DVの相談件数は増加傾向にあり、2021（令和3）年度では配偶者暴力相談支援センターで約12万2千件、警察で約8万3千件の相談が寄せられています。相談者の9割以上が女性からの相談です。

DV防止法では、後述する配偶者暴力相談支援センターによる支援を位置付けており、DV問題に関する相談を受け付けています。また、警察でも相談を受け付けています。同センターに寄せられた相談件数の推移（図7－3）をみると、近年は若干減少傾向であるものの、警察が受理した相談件数の推移（図7－4）では、増加を続けていることがわかります。なお、相談者の9割以上が女性からの相談になっています。

3　DVと子ども虐待との相関関係

要約 児童虐待防止法の改正により、子どもの面前で行われるDVが子どもへの心理的虐待にあたると位置付けられています。DVは、子どもの情緒や心理面に留まらず、身体や行動面等へのさまざまな悪影響をもたらす子ども虐待の一つといえます。

家庭内のDVにさらされている子どもを虐待と見なすかどうかは、比較的新しい議論だといわれます。しかし近年、子どもの面前で行われる暴力行為による子どもへのさまざまな悪影響に加え、DVが直接的な子どもへの身体的・性的虐待につながる危険性の高さへの指摘などから、子ども虐待とDVとの関連性が高いことがわかってきています。

日本では、2004（平成16）年の児童虐待防止法の改正によって、子どもの面前で行われるDVが心理的虐待と位置付けられることになりました。近年、特に子どもの心理的虐待の増加傾向が顕著となっている原因の一つには、警察を介するDVによる相談や通告の増加が影響しています。

DVは、子どもの情緒や心理面に留まらず、身体や行動面等へのさまざま

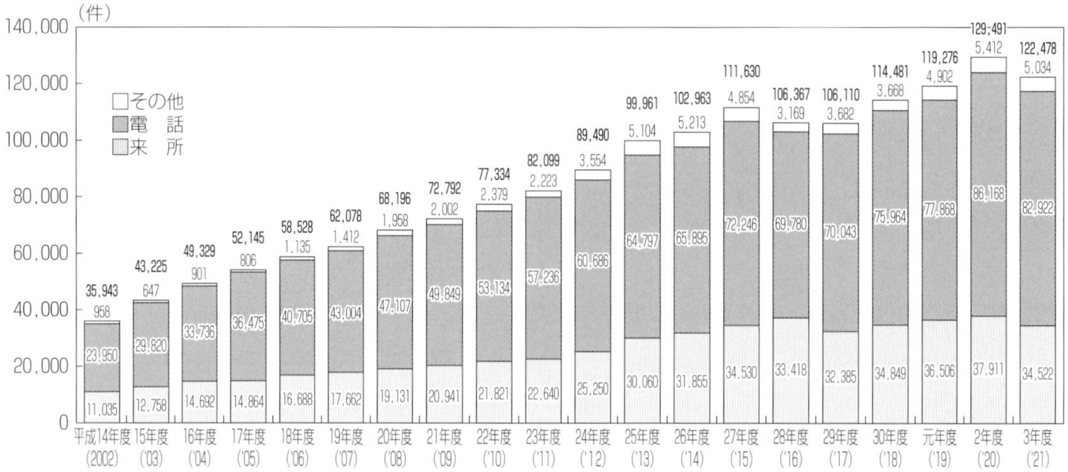

資料：内閣府調べ。

図7－3　配偶者暴力相談支援センターにおける相談件数の推移

出典：内閣府「配偶者暴力相談支援センターにおける相談件数等（令和３年度分）」2022 年　p. 1

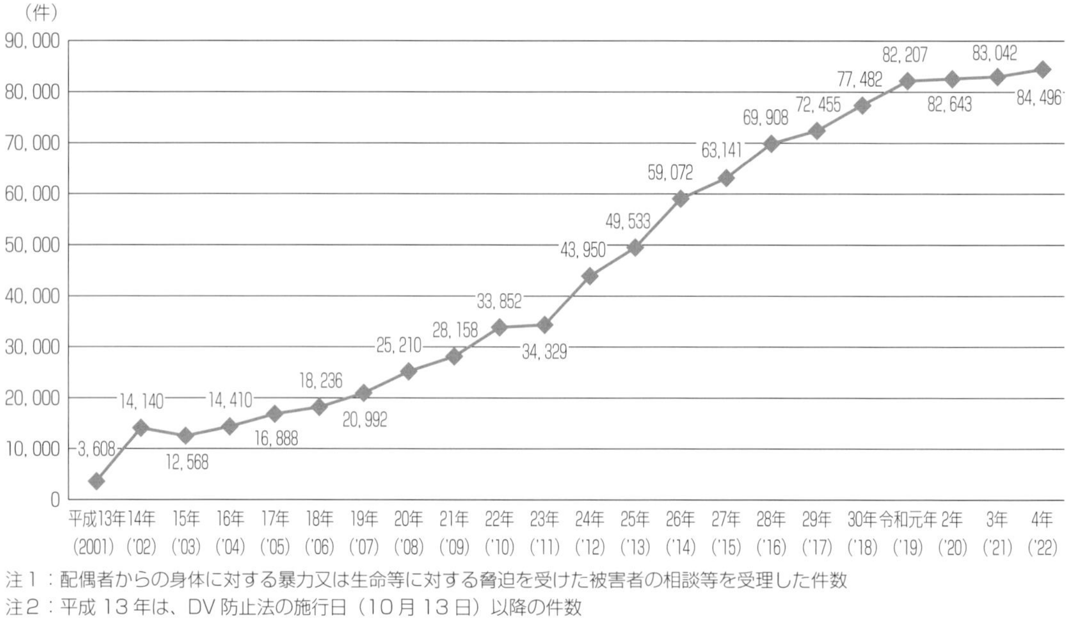

注１：配偶者からの身体に対する暴力又は生命等に対する脅迫を受けた被害者の相談等を受理した件数

注２：平成 13 年は、DV 防止法の施行日（10 月 13 日）以降の件数

注３：法改正を受け、平成 16 年 12 月２日施行以降、離婚後に引き続き暴力を受けた事案について、20 年１月 11 日施行以降、生命等に対する脅迫を受けた事案について、また、26 年１月３日施行以降、生活の本拠を共にする交際（婚姻関係における共同生活に類する共同生活を営んでいないものを除く。）をする関係にある相手方からの暴力事案についても計上

図7－4　警察における配偶者からの暴力事案等の相談等件数

出典：警察庁「令和４年におけるストーカー事案、配偶者からの暴力事案等、児童虐待事案等への対応状況について」2023 年　p. 5

な悪影響をもたらし、家族や大人に対する信頼感を損ね、友人関係の喪失や日常生活への負担感にもつながります。DV被害者の支援においては、配偶者からの暴力に直接さらされている大人への支援に加え、児童相談所や保健所など児童家庭福祉制度の関係機関や施設等と連携しながら、子どもの安全確保や心身のケア、自立に向けての総合的な支援が求められます。

Section 3　子ども虐待・DV問題への対策

3分 Thinking

・子ども虐待を防止するためにはどのような対策が必要なのでしょうか。虐待の発生する理由から考えてみましょう。

1　子ども虐待防止対策

要約　子ども虐待防止対策は、児童福祉法と児童虐待防止法による対応に加え、その発生予防、早期発見と対応、子どもの保護と保護者支援という側面まで含めた総合的な対策が求められます。2016（平成28）年以降にはさらに対策が強化されました。

①児童福祉法による要保護児童対策

児童福祉法では、要保護児童の保護措置への対応が定められています。子ども虐待への対応も基本的にはこの規定に従って行われます。

具体的には、要保護児童発見者の通告義務（第25条）、要保護児童対策地域協議会の設置（第25条の2）、要保護児童の状況把握（第25条の6）、立入調査（第29条）、子どもの一時保護（第33条）の規定があります。

そして、①保護者に訓戒を加え、または誓約書を提出させる、②子どもまたはその保護者に対する訪問または通所による指導を受けさせる、③保護された子どもをファミリーホームもしくは里親に委託し、または乳児院、児童養護施設、障害児入所施設、児童心理治療施設、児童自立支援施設に入所させる、④子どもを家庭裁判所に送致する、という措置を採ることができる（第27条）という権限が都道府県に与えられており、実際には児童相談所長がこれらの措置を採ることになっています。

さらに、保護者の子ども虐待等の場合の措置（第28条）として、必要に応じて、保護者等の同意を得ることなく上記の里親等への委託や児童福祉施設への入所措置について、家庭裁判所の承認を得て採ることができると定められています（原則2年以内）。

②児童虐待防止法による防止対策

上記の児童福祉法による対応は、あくまでも要保護児童としての対応であり、急増した子ども虐待への対応としては十分なものではありませんでした。そこで、児童虐待防止法が2000（平成12）年に制定され、その後の法改正を経て強化されています。その内容は、児童福祉法における要保護児童対策の一連の手順を、子ども虐待ケースに対応して下記のようになっています。

○被虐待児童の早期発見と通告の義務

学校、児童福祉施設、病院その他児童福祉に業務上関係のある団体および学校の教職員、児童福祉施設の職員、医師、保健師、弁護士、その他児童福祉に職務上関係のある者は、子ども虐待を発見しやすい立場にあることから、虐待を受けた子ども（被虐待児童）の早期発見に努めるとともに、虐待を受けたと思われる子どもを発見した場合には、児童相談所等へ速やかに通告しなくてはなりません（第5・6条）。

○通告受理後の安否確認の徹底

通告・相談を受理した児童相談所では、関係者等から必要な情報を収集するとともに、必要に応じて近隣住民、学校の教職員、児童福祉施設等の職員の協力を得ながら、虐待を受けたと思われる子どもと直接面会するなどの方法で、速やかに子どもの安全を確認し、必要に応じて一時保護を行わなくてはなりません（第8条）。

なお、2007（平成19）年の児童相談所運営指針等の改正により、虐待に関する情報はすべて虐待通告として受理し、記録して緊急受理会議を開くことが徹底され、通告受理から48時間以内に子どもの安否確認を行うという時間ルールが明文化されました。

○出頭要求、立入調査、臨検、捜索等

子ども虐待が行われているおそれがある場合に、都道府県知事は保護者に対して子どもを同伴して児童相談所へ出頭することを求めることができます（第8条の2）。また、子どもの住居等に児童相談所の職員等が立ち入り、必要な調査または質問をします（第9条）。そして、児童相談所による上記の対応に応じない場合や拒否的な場合には再出頭の要求ができます（第9条の2）。

しかし、保護者が立入調査や再出頭の要求にも応じず子どもの安全が確認できない場合には、裁判官の許可状を得たうえで、被虐待が疑われる子どもの住居等を臨検し、子どもの捜索を行います（第9条の3）。その際に、必要がある場合には、児童相談所等の職員が強制的に解錠をするなど、必要な処分を採ることがあります（第9条の7）。また、これらの対応を行うにあたり、必要がある場合には警察署長に対する援助要請を行い、警察官の同行を求めることも可能です（第10条）。

③子ども虐待防止対策の新たな展開と強化（2012［平成24］年度以降）

児童虐待防止法の制定と児童福祉法の改正による子ども虐待防止対策に取り組まれているにも関わらず、子ども虐待の相談対応件数の増加、相次ぐ子ども虐待による死亡事件、児童相談所と市町村での相談体制の不足、社会的養護体制の不足という現状は変わりませんでした。

そこで、国は子ども虐待防止対策の方向性についての基本的な考え方を示し[1]、発生予防、早期発見・早期対応、子どもの保護と支援、保護者支援という３つの段階に対応した次の取り組みが進められました。

1．発生予防
- 子育て支援事業（乳児家庭全戸訪問事業、養育支援訪問事業、集いの場としての地域子育て支援拠点事業）の普及と推進
- 虐待防止意識の啓発（児童虐待防止推進月間［毎年11月］、オレンジリボン運動など）
- 相談しやすい体制の整備

2．早期発見・早期対応
- 虐待に対する通告の徹底
- 児童相談所全国共通ダイヤル（189番）の導入と周知
- 市町村の体制強化
- 研修やノウハウの共有による専門性の強化
- 子どもを守る地域ネットワーク（要保護児童対策地域協議会）による連携強化

3．子どもの保護と支援、保護者支援
- 一時保護所の拡充と改善
- 社会的養護体制の質と量の拡充（家庭的な養育環境と施設における小規模化の推進、適切なケアを行うための人員配置基準の引き上げ等の見直し、自立支援策の拡充）
- 親子再統合に向けた保護者への支援
- 親権にかかる制度の適切な運用

しかし、その後も「家庭や地域における養育力が低下し、子育て家庭の孤立化や不安・負担感が増大している」「子ども虐待の相談対応件数は増加の一途であり複雑・困難なケースも増大している」「児童相談所等の体制と専

門性や地域関係の連携が不十分」「社会的養護を必要とする子どもは自立に時間を要する場合が多い」という現状と課題が解消されません。

そこで2016（平成28）年度以降、官民のパートナーシップを構築し、民間の創意工夫を積極的に活用しながら、発生予防から自立支援までの一連の対策強化に取り組まれ、必要な法整備が進められることになりました[2)]。

1．子ども虐待の発生予防

・妊娠期から子育て期までの切れ目のない支援（子育て世代包括支援センター［母子保健法上は「母子健康包括支援センター」という名称］の全国展開、母子保健事業との連携強化、支援を要する妊婦への幅広い支援のあり方検討）

・孤立しがちな子育て家庭へのアウトリーチ（乳児家庭全戸訪問事業・養育支援訪問事業を全市町村で実施、低所得の妊婦に助産を行う助産施設や児童相談所全国共通ダイヤル（189番）のさらなる周知）

2．発生時の迅速・的確な対応

・児童相談所の体制整備（児童相談所体制強化プランの策定）

・市町村の要保護児童対策地域協議会の機能強化（全市町村による設置、要保護児童対策地域協議会などの調整機関への専門職配置等）

・関係機関における早期発見と適切な初期対応（学校へのスクールソーシャルワーカー配置、研修の充実等）

・児童相談所等における迅速・的確な対応（関係機関等による調査協力、臨検・捜索手続きの簡素化、司法関与のあり方の見直し検討等）

・適切な環境における子どもへの対応（里親等への一時保護委託推進等）

3．被虐待児童への自立支援

・親子関係再構築の支援（施設退所時の助言等）

・里親委託の推進（里親支援を都道府県業務に位置付け、民間委託推進等）

・養子縁組の推進（児童相談所による養子縁組推進、育児休業の対象拡大等）

・施設入所児童への自立支援（児童家庭支援センターの相談機能の強化、自立援助ホームの支援対象者の拡大、18歳に達したものに対する継続的な自立支援のあり方検討等）

④しつけによる体罰の禁止

2018（平成30）年3月に東京都目黒区で5歳女児が亡くなり、2019（同31）年1月にも千葉県野田市で10歳の女児が死亡しました。これらの事件を契機に、子ども虐待防止対策の抜本的強化が図られることになり、2019（令和元）年6月、児童福祉法と児童虐待防止法が改正されました。

これらの改正法の特徴の一つは、子どもの権利擁護を図る点から保護者などの親権者や里親、施設長（職員）がしつけに際して体罰を加えてはならないと明文化した点です。加えて、子どもの安全を確保し、権利擁護の仕組みを構築する措置を講ずることになりました。

このほかに、児童相談所の体制強化や児童相談所業務の見直し、関係機関間の連携強化、児童虐待の再発防止のための措置等が明文化され、2020（同2）年４月から順次施行されることになりました。

⑤親権の喪失および停止

子どもへの虐待は、親によるしつけとの区別が付きにくいという問題がありました。それは、民法における「成年に達しない子は、父母の親権に服する」という親権規定（民法第818条）に懲戒権（子どもを叱る権利：旧民法第822条）が位置付けられていたからです。しかし、2022（令和4）年10月に「民法の一部を改正する法律」が成立し、①親権者による懲戒権の規定を削除するとともに、②親権者はこの人格を尊重するとともに、この年齢及び発達の程度に配慮しなければならず、かつ、体罰等の子の心身の健全な発達に有害な影響を及ぼす言動をしてはならない（民法第821条）との改正がなされました。また同時に、児童福祉法と児童虐待防止法[*4]について、民法の新しい親権規定に合わせる改正がなされました。

そして、子どもの虐待を行う親の親権を制限する方法として、無期限の親権喪失という方法（民法第834条、児童福祉法第33条の7、児童虐待防止法第15条）がありました。しかし、この方法では親子関係が断絶し、親子の再統合を損ない、子どもの自立支援にも支障を来たします。そのため、児童相談所が親権喪失の請求を行うことを躊躇しやすく、子どもの心身の安全を守ることにつながらない状況が問題視されていました。そこで、このような親権規定が見直され、親権を最長で２年間停止する規定（民法第834条の2など）が設けられています。

＊4
児童虐待防止法第14条は、子どものしつけに際して、子どもの人権を尊重するとともに、その年齢と発達の程度に配慮しなければならないこと、体罰その他子供の心身の健全な発達に有害な影響を及ぼす言動をしてはならないとして、親権者の責任を定めています。

2　DV防止対策

要約 ▶ DV防止対策は、DV防止法に基づいて、配偶者暴力相談支援センターによる相談対応と保護の実施、DV加害者への接近禁止命令などによる保護命令と、母子生活支援施設や民間シェルターの活用等によるDV被害者支援に取り組んでいます。

DV防止対策は、2001（平成13）年に施行されたDV防止法に基づいて次のように取り組んでいます。

①配偶者暴力相談支援センターなど

都道府県や市町村が設置する婦人相談所[*5]などの施設が配偶者暴力相談支援センターとしての機能を果たすことになり、配偶者からの暴力の防止と被害者の保護のため、次のような業務内容に取り組んでいます（第3条）。また、婦人相談員は被害者の相談に応じるほか、必要な指導を行い（第4条）、都道府県が婦人保護施設において被害者の保護を行うことができます（第5条）。

＊5　**婦人相談所**
売春防止法に基づく都道府県に必置の施設です。当初は売春を行うおそれのある女子に対する、婦人相談員による相談や指導、婦人保護施設での一時保護等を行う役割を担っていましたが、DV防止法の成立以降は、配偶者暴力相談支援センターの機能を担う施設の一つとして位置付けられています。

- DVに関する相談に応じる、または適切な機関を紹介する業務
- 被害者に対する医学的・心理学的な指導など
- 被害者およびその同伴者の緊急時における安全確保と一時保護の実施
- 被害者に対する就業促進、住宅確保、情報提供、助言等による自立支援の援助
- 保護命令の制度利用の情報提供、助言、関係機関との連携調整等の援助
- 被害者を居住させ保護する施設（母子生活支援施設等）の利用についての情報提供、助言、関係機関との連絡調整等の援助

② DV被害者の保護と保護命令

DV被害者の保護に関しては、DV発見者による配偶者暴力相談支援センターまたは警察への通報（第6条）、警察官による被害の防止（第8条）、警察本部長等の援助（第8条の2）、福祉事務所による自立支援（第8条の3）、関係機関の連携協力（第9条）、苦情の適切・迅速な対応（第9条の2）などが定められています。

そして、「配偶者からの身体に対する暴力又は生命等に対する脅迫」を受けた被害者が、配偶者から受ける身体に対する暴力により、「その生命又は身体に重大な危害を受けるおそれが大きいとき」に、裁判所が被害者の申し立てにより、次の保護命令を加害者に出すことができます（第10条）。

- 接近禁止命令（被害者・被害者の子ども等に対する付きまといなど6か月間禁止）
- 退去命令（被害者の住居から退去2か月間）
- 電話等禁止命令（面会要求、行動監視等、暴言、無言電話・メール等、汚物等送付、性的文書・画像等送付など）

③ DV被害者への支援

DV被害者への支援は、配偶者暴力相談支援センターや婦人相談員、警察や市町村等に加えて民間団体による相談や支援に取り組まれています。加害者からの緊急避難や保護だけでなく、傷付いた心身への治療とケア、住居の確保や生活費の確保、就業支援に加え、被害者の親族や子どもへのさまざまな支援も必要になります。そのために、公的な施策に加え、医療機関や民間シェルター等も含めた総合的な支援策の構築が急がれます。DV被害者の母子家庭に対しては、児童扶養手当の支給や母子生活支援施設の活用も有効な支援策になっています。

【引用文献】

1）厚生労働省「児童虐待の現状とこれに対する取組について（児童虐待対策の現状と今後の方向性）」2013年
2）厚生労働省「児童虐待対策強化プロジェクト（施策の方向性）」2015年

【参考文献】

●こども家庭庁「令和4年度児童相談所での児童虐待対応件数（速報値）」2023年
●厚生労働省「平成29年度『居住実態が把握できない児童』に関する調査結果について」2017年
●内閣府「配偶者からの暴力に関するデータ」2022年
●P.G.ジャッフェ・L.L.ベイカー・A.J.カニングハム編、岩本隆茂・塚越博史・勝山友美子・足利俊彦訳『ドメスティック・バイオレンスから子どもを守るために』培風館　2009年
●マーク・トウェイン著、柴田元幸訳『トム・ソーヤーの冒険』新潮社　2012年
●マーク・トウェイン著、村岡花子訳『ハックルベリ・フィンの冒険』新潮社　1959年
●グリム著、那須田淳訳『ヘンゼルとグレーテル』岩崎書店　2009年

●学びを振り返るアウトプットノート

年　月　日(　)　第(　)限　学籍番号＿＿＿＿＿＿　氏名＿＿＿＿＿＿＿＿＿＿

❖ このChapterで学んだこと、そのなかで感じたこと（テーマを変更してもOK）

❖ 理解できなかったこと、疑問点（テーマを変更してもOK）

❖ TRYしてみよう ❖

1 子ども虐待は、子どもの（　　　　）を著しく侵害し、その心身の成長および人格の形成に重大な影響を与える行為である。

2 子どもの面前で行われるDVは、子どもへの（　　　　）的虐待にあたる。

3 虐待の通告を受けた児童相談所は、速やかに子どもの（　　　　）を確認し、必要に応じて（　　　　　）を行わなくてはならない。

コラム⑦ 貧困家庭の子どもの学習支援

なぜ子どもたちは学ぶのか。そして、なぜ頑張り続けられるのか。主に中高生を対象とした貧困家庭の子どもの学習支援という事業があります。

学習支援は2015（平成27）年4月に施行された生活困窮者自立支援法をきっかけに全国で展開され、2018（同30）年度には536自治体が実施しています。現在、大きな社会問題になっている子どもの貧困において、貧困の連鎖を断絶する足がかりとして大きな期待が寄せられています。

学習支援を考えるときに、まず多くの子どもたちが「なぜ勉強するのか」ということを考えてみると、例えば「車関係の仕事に就きたいから勉強をする」「大学に行きたいから勉強する」という目標がある子どももいれば、「やらなければならないからやっている」といった子どももいると思います。しかし、経済的に困難な家庭では「経験の欠如から夢や目標がない」「大学や専門学校への進学はできない」「やらなければ、という価値観が身に付いていない」といった子どもも少なくありません。また、経済的に厳しいなかでの多くの否定的な経験は、子どもたちの意欲や自己肯定感を低下させ、チャレンジすることや、何かを続けるということも困難な子どももいます。

このようなバックグラウンドを抱える子どもたちの学力を上げることは容易ではありません。そもそも、学ぶための土台づくりからスタートしなくてはならないからです。勉強を教える以前に、勉強の習慣のない子どもや、自己肯定感の低い子どもたちが学習支援を継続的に受けることも非常に難しいといった課題もあります。子どもたちの学習における課題は意欲だけでなく、そもそも家に勉強机がないといった勉強をする環境が家にない子どももいます。そういった場合は保護者や行政と連携し環境づくりもしていかなければなりません。筆者はこのような子どもたちが勉強をすることができるようになる支援やそのための環境整備を、「福祉的教育」という新しいアプローチとして現場で行っています。

子どもの貧困に対する特効薬はなく、今後もさまざまな試行錯誤が必要になります。社会問題が重なり合うなかで進学後の課題も多く、大学まで進学しても就職難に陥っている現状があります。子どもの貧困は「今困っている」というだけでなく、大人になっていく過程で「困るリスクが高い」という課題もあります。そのため勉強における一つのゴールを「就職」と考えるなら、安定した仕事に就くことができるような制度や仕組み、支援がなければ子どもたちは安心して将来に向け努力することができません。今後は支援団体自体が多様性を持った支援を行うか、他団体と連携し途切れのない支援を行っていく必要があると感じています。

参考文献：厚生労働省「平成30年度生活困窮者自立支援制度の実施状況調査集計結果」2018年

Chapter 8 社会的養護を必要とする子どもへの福祉施策

●イメージをつかむインプットノート

Section 1 「社会的養護の体系」のアウトライン

家庭での養育が困難になった子どもを公的責任で社会的に養育し、その家庭を支援することを社会的養護といいます。主に「施設養護」と「家庭養護」の２つの体系に分けられます（p.135)。

Keyword

- ☑ 施設養護
- ☑ 児童養護施設
- ☑ 乳児院
- ☑ 家庭的養護
- ☑ 家庭養護
- ☑ 里親
- ☑ ファミリーホーム

Section 2 「社会的養護の現状と今後の課題」のアウトライン

多様化した子どもの個別的ニーズに対応していくために専門的ケアの充実、施設の小規模化や地域分散化による家庭的養護、里親委託等家庭養護の推進が図られています(p.139)。

Keyword

- ☑ 愛着形成・心理的ケア
- ☑ 施設の小規模化
- ☑ 家庭的養護の推進

Section 1 社会的養護の体系

3分 Thinking

・もし仮にあなたが小学１年生だとして、育ててくれている親（保護者）等と一時的に一緒に暮らせない状況になったら、どのようなところに預かってもらえるのか考えてみましょう。

1　社会的養護における施設養護

要約 保護者の入院、死亡、保護者による虐待など、何らかの理由で家庭での養育が困難になった子ども（要保護児童）を公的責任で社会的に養育すること、またその家庭への支援をすることを社会的養護といいます。社会的養護のなかでも子どもが保護者と離れて生活するものとして「施設養護」と「家庭養護」の２つの体系に分けられます。施設養護における家庭的な養育環境を目指した取り組みを家庭的養護といいます。

①施設養護

施設養護とは、主に社会的養護の児童福祉施設で子どもを養育することです。施設養護の養護系施設は主として家庭養育を代替する役割を果たしており、要保護児童を養育する乳児院、児童養護施設、心理治療を行いながら養育する児童心理治療施設、非行等を行った子どもを入所させ自立を支援する児童自立支援施設、また、母子ともに入所させ家庭養育の支援をする母子生活支援施設などでの養護が中心となります。さらに、児童養護施設などを退所した子どもの自立支援を行う自立援助ホーム（児童自立生活援助事業）も含まれます。このほか、福祉型障害児入所施設、医療型障害児入所施設などの障害系施設においても子どもの療育や治療的ケアと併せて社会的養護の役割を果たしていることがあります（図８－１）。

ここでは社会的養護における施設養護の中核となる児童養護施設と乳児院を見ていきます。

○児童養護施設

児童養護施設は、乳児を除いて、保護者のない子ども、虐待されている子ども、その他環境上養護を要する子どもを入所させて、これを養護し、併せて退所した者に対する相談その他の自立のための援助を行うことを目的とする施設です（児童福祉法第41条）。対象は１～18歳未満の子どもですが[*1]、特に必要のある場合には乳児を含むとされています。職員は保育士や児童指

＊1
原則18歳までですが、大学等への進学後や就職後の生活が不安定な場合、また障害や疾病等の理由で進学や就職が決まらない等、継続的な養育を必要とする場合など、必要に応じて20歳未満まで措置延長が可能とされています。
また、児童自立生活援助事業の活用により、20歳以上も必要に応じて引き続き自立支援が受けられます

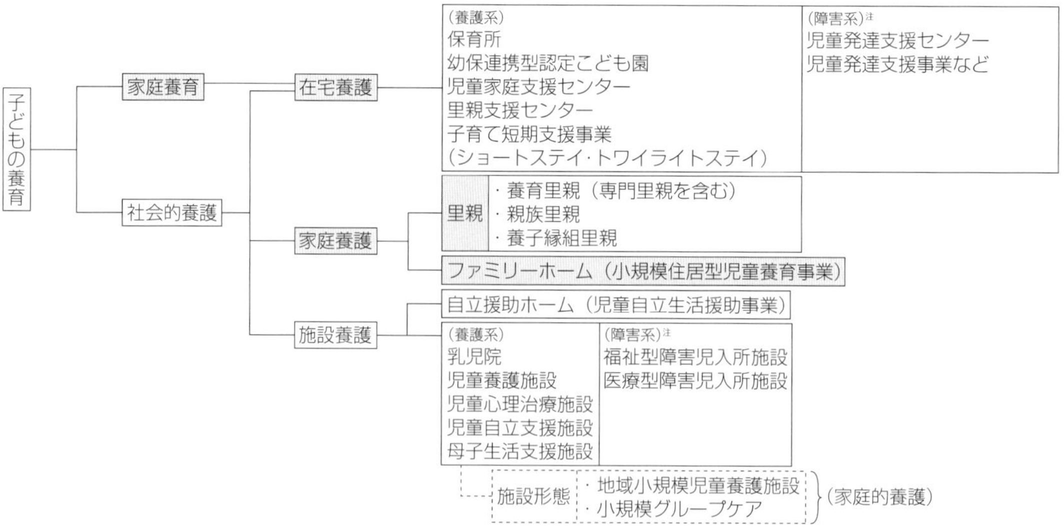

注　：障害系施設は、療育や治療的ケアと併せて養護の役割を担います。

図８－１　社会的養護の体系

出典：小池由佳・山縣文治編『社会的養護　第４版』ミネルヴァ書房　2016年　p.57、厚生労働省「『家庭的養護』と『家庭養護』の用語の整理について」（第13回社会保障審議会児童部会社会的養護専門委員会資料）　2012年　をもとに筆者作成

導員が子どもの日常の養育、心の安定、学習支援、自立支援などを行います。施設形態として養育単位が20人以上の大舎制、13～19人の中舎制、12人以下の小舎制に分けられますが、後述するように、近年、施設の小規模化、地域分散化や多機能化、高機能化が進められています。

○乳児院

乳児院は、乳児を入所させて、これを養育し、併せて退所した者について相談その他の援助を行うことを目的とする施設です（児童福祉法第37条）。対象は乳児ですが、特に必要のある場合には、幼児を含むとされています。保護者の病気や、家族の病気で付き添い看護を必要とするとき、出産、離婚、家出、また保護者による虐待、遺棄などその他やむを得ない事情で乳児を適切な環境で養育できない場合に入所させ、看護師や保育士などの職員が保護者に代わって乳児の身の回りのお世話をします。

②施設養護における家庭的養護

施設養護における家庭的な養育環境を目指した取り組みを家庭的養護といいます。具体的には地域小規模児童養護施設（グループホーム）、小規模グループケアがこれにあたります（図８－１）。

○地域小規模児童養護施設（グループホーム）

地域小規模児童養護施設は、地域社会の民間住宅等で定員６名の小集団の

子どもの養育を行うものです。児童養護施設の本体施設の支援のもと、地域の民間住宅等を活用して近隣住民との関係づくりを行いつつ、家庭的な環境のなかで養育を行います。

〇小規模グループケア

児童養護施設等の本体施設や地域で、生活単位をユニット化して小規模なグループで家庭的養護を行うもので、児童養護施設では１グループ６～８人、乳児院では４～６人、児童心理治療施設と児童自立支援施設では５～７人の定員で養育します。大舎制の施設等の生活単位を小さくすることにより、子ども一人ひとりのニーズに応じた養育を行えることが期待されます。本体施設内で行う小規模グループケアと分園型で行うグループホームがあります。

2　社会的養護における家庭養護

要約　社会的養護における家庭養護とは、保護者に代わる養育者の家庭で子ども（要保護児童）を養育することです。里親と小規模住居型児童養育事業（ファミリーホーム）があります。

①里親

里親とは、要保護児童の養育を希望する者に、子どもの養育を委託する制度です（児童福祉法第６条の４）。日本の現状として社会的養護を受けている子どものうち、里親に委託されているのは１～２割程度であり、８割程度が児童福祉施設に入所しています[*2]。里親は施設より家庭的で、特定の養育者と子どもとの愛着関係を形成しやすい環境にあるため、国として里親委託の推進が図られています。

里親はその目的・内容によって、養育里親（専門里親を含む）、親族里親、養子縁組里親（養子縁組によって養親となることを希望する里親）に分けられます（表８－１）。養育を行っている里親には施設養護と同様に子どもの一般生活費等が支弁され、また養育里親には「里親手当」も支払われます。

〇養育里親（専門里親を含む）

要保護児童の養育を行う者を養育里親といいます。児童福祉法により養育里親になるための認定要件が定められています。そのうち、虐待などで心身に有害な影響を受けた子ども、非行傾向のある子ども、身体障害、知的障害、精神障害がある子ども等、特別な配慮や治療的な関わりを必要とする子どもを養育する里親を専門里親として区分しています。

専門里親は養育里親認定要件に加えて養育里親として、あるいは児童福祉事業従事者としての一定の養育経験を満たしていること、養育に専念できること、専門里親研修を修了していること等が必要となります。

＊２
日本における里親等委託率（ファミリーホームを含む）は23.5％、児童養護施設は69.4％、乳児院は7.1％となっています（福祉行政報告例2022年［令和４］年３月末現在）。

表８－１　里親の種類

種類	養育里親	専門里親	養子縁組里親	親族里親
対象児童	要保護児童	次に挙げる要保護児童のうち、都道府県知事がその養育に関し特に支援が必要と認めたもの ①児童虐待等の行為により心身に有害な影響を受けた児童 ②非行等の問題を有する児童 ③身体障害、知的障害又は精神障害がある児童	要保護児童	次の要件に該当する要保護児童 ①当該親族里親に扶養義務のある児童 ②児童の両親その他当該児童を現に監護する者が死亡、行方不明、拘禁、入院等の状態となったことにより、これらの者により、養育が期待できないこと

出典：厚生労働省「社会的養育の推進に向けて（平成31年4月）」2019年　p.117

〇親族里親

親族里親とは、子どもの保護者が死亡、行方不明、拘禁、疾病による病院の入院等の理由により、子どもの養育が期待できない場合に、三親等以内の親族を里親とするものです。

〇養子縁組里親

養子縁組によって養親となることを希望するものを養子縁組里親としています。養子縁組は民法に規定されており、養子縁組の成立によって、保護者のない子どもに養親との将来にわたる継続的な親子関係を法的に保障するものです。未成年者を養子にする場合には家庭裁判所への申請が必要となります。養子縁組には家庭裁判所の許可を得る普通養子縁組と、家庭裁判所の審判を必要とする特別養子縁組があります。

②ファミリーホーム（小規模住居型児童養育事業）

ファミリーホームは、養育里親として相当の経験を有する者や児童養護施設等で子どもの養育に従事した者等が養育者となり、養育者の住居において５～６人の要保護児童を養育者の家庭を構成する一員として迎え入れて養育を行うものです（児童福祉法第６条の３第８項）。以前から里親型のグループホームとして自治体で行われていた事業を2008（平成20）年に法定化したものです。

Section 2 社会的養護の現状と今後の課題

3分 Thinking

・子どもの立場になって、施設養護、家庭養護の長所（良い点）、短所（課題となる点）をそれぞれ考えてみましょう。

1　社会的養護の現状と求められていること

要約 社会的養護を必要とする子どもの傾向として、虐待を受けた子どもへの心理的ケア、治療的ケア、発達障害などの特別な配慮を要する子どもが増えてきており、より専門的な理解や援助が必要となってきています。また自立支援、アフターケアの役割も求められており、職員の専門性の向上に加え、他職種、他機関との連携が欠かせません。

児童養護施設の現状として、2022（令和4）年3月末現在、全国で610か所、そこで生活している子どもは2万3,008人います（福祉行政報告例）。傾向として、虐待による入所が多い傾向にあり、被虐待経験のある子どもが65.6%となっています（厚生労働省「児童養護施設の入所児童等調査の結果（平成30年2月1日現在）」（以下「入所児童等調査」）。虐待を受けた子どもの行動特徴として感情コントロールが困難（些細なことでかんしゃくを起こす、感情の起伏が激しい、パニック状態になるなど）であること、自己肯定感が低い（自分は生きている価値がない、愛されていないと感じるなど）ことがあげられます。

また、対人関係が不安定で誰にでも抱っこを求めてベタベタと甘えるなど強い愛着行動が見られる一方で、急変して無関心な態度を示したり、相手の気持ちを逆なでするような言動をしたりなど挑発的な行動も見られます。このような虐待を受けたことによる愛着障害[*3]、PTSD（心的外傷後ストレス障害）[*4]などの症状が見られる子どもに、施設での生活のなかで安心感を持ってもらい、大人との愛着形成、他者との信頼関係を築いていけるよう心理的ケアや治療的な援助もしていきます。

施設では心理療法担当職員という専門職が心理的ケアや治療的ケアを主に担います。また、子どもの状況に応じて、より専門的な心理治療が必要な場合などは、医療機関と連携を取ることもあります。

そのほか、入所する子どものなかに発達障害などの障害がある子どもの割合も高い傾向にあり、36.7%となっています（入所児童等調査）。こうした知

＊3　**愛着障害（Attachment disorder）**
乳幼児に被虐待経験や主たる養育者が代わる体験を繰り返すことなどにより、愛着（アタッチメント）形成が適切に行われないと発症するとされます。心理行動上のさまざまな問題（過度に人を恐れる、または誰に対してもなれなれしいなど）といった症状が現れます。

＊4　**PTSD**
Post-Traumatic Stress Disorderの略で、心的外傷後ストレス障害のことです。本人もしくは近親者の生命や身体に対する重大な脅威となる心的外傷的な出来事に巻き込まれたことにより生じる障害で、錯覚（解離性フラッシュバック）、孤立感、睡眠障害、外傷体験に類似した状況時に生じる過度の驚愕反応などの症状を特徴とします。

＊5
専門職種や、支援における連携のあり方についてはp.175、180を参照のこと。

的障害、発達障害の子どもへの理解や特別な配慮が求められています。さまざまな障害特性の理解のもと、子ども一人ひとりの発達段階に応じた支援を行えるように、職員は多様な障害に関する専門的な知識を身に付け、援助方法について理解を深めておくことが求められます。

施設の子どもたちは、安心できる場で自己肯定感を育み、養育者との信頼関係や愛着関係を再構築しながら生活スキルや社会性を身に付け、生きていく力を育んでいきます。そうしたなかで将来の自立に向けた支援も不可欠となります。また、退所した子どもの相談に応じ支援するアフターケアの充実も図られています。このように職員は多様な役割を担うため、自身の専門性の向上はもちろんのこと、児童相談所をはじめ、医療機関やほかの児童福祉施設などの他機関・他職種との連携が求められてきています。

乳児院の現状としては、2022（令和4）年10月1日現在、全国で145か所、そこで生活している子どもは2,351人います（福祉行政報告例）。乳児院の養護問題を発生理由別に見ると一般的に虐待といわれる虐待・酷使、放任・怠だ・養育拒否・父（母）の精神疾患等によるものが多く、被虐経験のあるものが40.9%となっています（入所児童等調査）。児童養護施設と同様に虐待による入所が多い傾向にあります。また子どもの約半数に罹患傾向があり、医療面は医師や看護師が、日常生活・養育面は保育士が、栄養・食事面は栄養士・調理員が行うなど各専門職が協力・連携し合って子どもの安全を守り、愛着関係の構築を図りながら養育を行っています。

上記に示した児童養護施設と乳児院の現状と同様に家庭養護である里親・ファミリーホームにおいても虐待を受けた子どものケアや発達障害等の子どもへの配慮、自立支援などの専門的視点が必要となってきます。家庭養護の場合は養育者が子どもの養育に悩み、行き詰まった際に気軽に相談できる場や、養育者が体調不良となったときなど一時的な休息が必要な場合に利用できるレスパイトケアの充実も欠かせません。

また、児童養護施設、乳児院には、家庭復帰等の支援を行う家庭支援専門相談員（ファミリーソーシャルワーカー）、家庭養護の推進のために里親委託等の支援を専門に担当する里親支援専門相談員などが配置されているところもあり、施設内での職員との連携、各機関との連携を図りながら支援を行っています＊5。

2　社会的養護の方向性

要約 子どもの個別的ニーズに対応していくために施設の小規模化（養育単位の小規模化）や地域分散化、里親委託の推進が図られています。しかし、継続的で安定した養育が行えるよう、養育者へのサポート体制を充実させること、さらには労働（養育）環境の課題に対応していく必要があります。

①施設の小規模化や地域分散化、里親委託の推進

「社会的養護の課題と将来像」（2011年）で厚生労働省が社会的養護の方向性を示しており、「虐待された子どもや障害がある子どもの増加に対応した専門的なケアの充実」「可能な限り家庭的な環境、安定した人間関係のもとで養育できるように、里親やファミリーホームへの委託を推進し、施設養護の子どもも家庭的養護環境の形態（小規模化、地域分散化）に変えていく必要性」「自立支援施策の推進」「児童養護施設等の施設機能を生かし、地域の里親支援やショートステイとして地域の子どもの養育を短期間担うこと」など、施設が地域の社会的養護、子育て支援の拠点として家族支援と地域支援の充実を図ること等を示し、その後の改革が進められています。

なかでも家庭的養護の推進*6は重要課題となっており、社会的養護が必要な子どもに対する施設や養育単位の小規模化、里親やファミリーホームへの委託などを推進しています。2015（平成27）年度に、都道府県と各施設の家庭的養護推進計画が策定され、以後5年ずつの3期、15年にわたっての2029（令和11）年度までに、「家庭養護の里親・ファミリーホーム」「家庭的養護のグループホーム」「本体施設（児童養護施設はすべて小規模グループケア）」をそれぞれ3分の1ずつとする方向性が示されました。さらに2017（同29）年には、「新しい社会的養育ビジョン」が取りまとめられ（図8－2）、就学前の子どもの施設入所の原則禁止、里親やファミリーホームへの委託や特別養子縁組を中心に据えた改革、施設の小規模化・分散化の計画的な推進とともに、実現に向けた数値目標や工程などが示されました。

＊6　**家庭的養護の推進**
国や地方公共団体による社会的養護の取り組みにおいて「家庭的養護の推進」と示す場合、p.136で述べた家庭的養護と、p.137で述べた家庭養護の両方を併せて推進することを指しています。

さらに2022（令和4）年の児童福祉法改正では、里親支援センター（児童福祉施設）が創設され、里親制度の普及啓発や里親家庭に寄り添った支援の充実が進められています。

児童養護施設等でグループホームへの移行などといった施設と養育単位の小規模化が進められることで個別的援助が実現しやすくなり、子どもにとってのメリットは大きいといわれています。しかし、一方で小さな集団で養育することにより職員の負担が大きくなることが指摘されています。勤務体制として一人勤務が多くなり、子どもたちの生活全般はもちろん、炊事、洗濯、

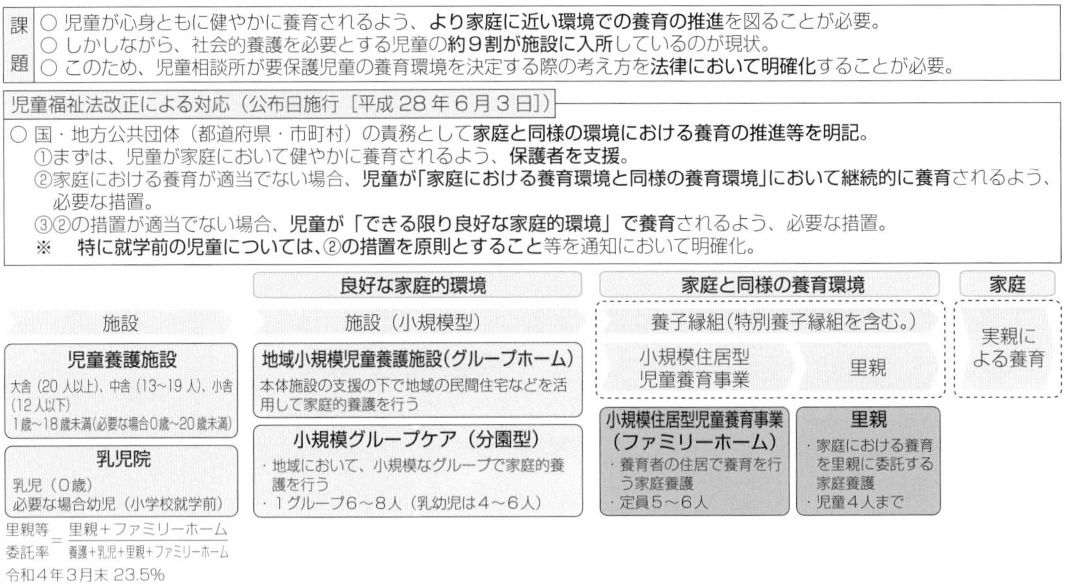

図8－2　家庭と同様の環境における養育の推進

出典：厚生労働省「社会的養育の推進に向けて（令和5年4月）」2023年　p.12を一部改変

掃除など家事全般、地域住民との関係や役割、他機関との連絡調整も担わなければなりません。一人の職員に総合的かつ専門的な力量が求められますが、職員が悩みを抱えたまま孤立しやすいことが課題となっています。職員同士の情報共有やサポート体制を充実させること、職員配置や勤務体制など職員の労働条件の改善も進めていかなければなりません。また、里親やファミリーホームにおいても同様に、養育者が孤立しないように、子どもの養育で悩みを抱えたり行き詰まったりした際の支援体制を整えること、レスパイトケアや研修等の保障をすることが求められます。

②新しい社会的養育ビジョン

Ch. 2～4で学んだように、2016（平成28）年の改正児童福祉法では、家庭養育の優先の理念が規定され、実親による養育が困難であれば特別養子縁組や里親委託を進めることを明確にしました。厚生労働省が設置した「新たな社会的養育の在り方に関する検討会」では、改正法をふまえ、先の「社会的養護の課題と将来像」を全面的に見直す形で、虐待などで保護者が育てられない子どもを対象にした「新しい社会的養育ビジョン」（平成29年8月2日）を公表しました。そこでは、2020（令和2）年度までに就学前の子どもの新規措置入所を原則停止することや乳児院の多機能化など、次のようなポイントが掲げられています。

新しい社会的養育ビジョンのポイント

・里親とチームで研修や支援を一貫して行うフォスタリング機関の強化
・５年以内に年間1,000人以上の特別養子縁組を成立
・就学前の子どもの新規措置入所を原則停止
・３歳未満の子どもは５年以内に、里親委託率を75%以上に
・就学前の子どもは７年以内に、里親委託率を75%以上に
・学齢期以降の子どもは10年以内に、里親委託率を50%以上に
・家庭復帰に向けた親子関係の再構築や里親支援など乳児院の機能強化
・５年以内に社会的養護関係機関を評価する専門的評価機構を創設
・里親や乳児院の名称変更

今後はこのビジョンに基づき、社会的養護分野の全体における改革が進められていますが、在宅での支援から代替養育、養子縁組などといった、社会的養育分野の課題と改革項目のすべては緊密につながっているため、一体的かつ総合的な改革が求められます。

このビジョンのポイントとして、代替養育における「家庭と同様の養育環境」原則に関して、「３歳未満の子どもは５年以内に、里親委託率を75%以上」「就学前の子どもは７年以内に、里親委託率を75%以上」、さらに「学齢期以降の子どもは10年以内に、里親委託率を50%以上」に引き上げるといった、具体的な数値目標があげられています。しかし、里親が里子を養育するうえで直面するさまざまな対応困難な問題に対処していくためのバックアップ体制、里親と里子との関係不調が生じた際の第三者による介入や関係調整をどのように行っていくかなど、多くの課題もあります。早急な里親委託率等の向上については、数値目標のみにとらわれることのないよう、子どもの最善の利益を中心に置きながら、このような課題に向けた解決策を模索して慎重に進めていくことが望まれます。

厚生労働省は、このビジョンで掲げた取り組み内容をふまえて、家庭養育優先の原則の徹底に向けて、2019（令和元）年度末までに都道府県社会的養育推進計画を各都道府県に策定するよう求め、以後５年ずつの３期15年に渡っての2029（令和11）年度まで見直しをしながら継続的に計画策定が行われています。

このように新たな社会的養育のあり方に沿って急速な転換が進められていますが、施設の小規模化に伴う職員配置や労働環境の改善、家庭的養護・家庭養護の推進における養育者の孤立化の予防や支援体制の充実、職員等の育成・人材確保など、課題解決に向けた具体的な方策をどのようにしていくか、

今後の社会的養育の動向について注視していく必要があります。

【参考文献】

●神戸賢次・喜多一憲編『新選・児童家庭福祉　第２版』みらい　2014年
●小池由佳・山縣文治編『社会的養護　第４版』ミネルヴァ書房　2016年
●櫻井奈津子編『保育と児童家庭福祉　第２版』みらい　2016年

【参考ホームページ】

●厚生労働省「社会的養護の現状について（平成29年３月）」2017年
http://www.mhlw.go.jp/file/06-Seisakujouhou-11900000-Koyoukintoujidoukateikyoku/0000154060.pdf（2017年７月10日閲覧）
●厚生労働省「社会的養護の推進に向けて（平成29年３月）」2017年
http://www.mhlw.go.jp/file/06-Seisakujouhou-11900000-Koyoukintoujidoukateikyoku/0000154058.pdf（2017年７月10日閲覧）
●厚生労働省「第13回社会保障審議会児童部会社会的養護専門委員会資料（平成24年１月16日）（資料３－１　家庭的養護と家庭養護の用語の整理について）」
http://www.mhlw.go.jp/stf/shingi/2r985200000202we-att/2r985200000202zj.pdf（2017年７月10日閲覧）
●厚生労働省「新しい社会的養育ビジョン（平成29年８月２日）」2017年
http://www.mhlw.go.jp/file/05-Shingikai-11901000-Koyoukintoujidoukateikyoku-Soumuka/0000173888.pdf（2017年９月８日閲覧）
●厚生労働省「社会的養育の推進に向けて（平成29年８月）」2017年
http://www.mhlw.go.jp/file/06-Seisakujouhou-11900000-Koyoukintoujidoukateikyoku/0000172985.pdf（2017年９月８日閲覧）
●厚生労働省「社会的養育の推進に向けて（平成31年４月）」2019年
https://www.mhlw.go.jp/content/000503210.pdf（2019年８月15日閲覧）
●厚生労働省「児童福祉法等の一部を改正する法律（令和４年法律第66号）の概要」2022年
https://www.mhlw.go.jp/content/000991032.pdf（2023年８月10日閲覧）
●厚生労働省子ども家庭局「改正児童福祉法について（第二部）」
https://www.mhlw.go.jp/content/000995561.pdf（2023年８月10日閲覧）

●学びを振り返るアウトプットノート

年　月　日(　)　第(　)限　学籍番号　氏名

✣ このChapterで学んだこと、そのなかで感じたこと（テーマを変更してもOK）

✣ 理解できなかったこと、疑問点（テーマを変更してもOK）

✣ TRYしてみよう ✣

1 （　　　　　）とは、要保護児童を乳児院、児童養護施設などの児童福祉施設で養育することである。

2 （　　　　　）とは、保護者に代わる養育者の家庭で要保護児童を養育することで、里親とファミリーホームがある。

3 社会的養護の方向性として、被虐待体験や障害がある子どもへの専門的ケアの充実、家庭養護の推進のほか、施設養護においても、施設の（　　　　　）、（　　　　　）による家庭的養護環境の形態に変えていく必要性が示されている。

コラム⑧ 子どもの食育

食育基本法（食育に関する基本理念や食育に関する施策の基本事項などを定めた法律）は、2005（平成17）年に施行されました。施行当初は“食育ブーム!?”といってもよいほど、あちらこちらで子ども向けの料理講座が展開されました。また、企業もこの波に乗りました。

食育基本法では「食育」を、①生きるうえでの基本であって、知育、徳育および体育の基礎となるべきもの、②さまざまな経験を通じて「食」に関する知識と「食」を選択する力を習得し、健全な食生活を実践することができる人間を育てることと定義していますが、「食育」という言葉が初めて用いられたのは、石塚左玄の著書『化學的食養長寿論』（1896年）であるといわれています。日本が豊かとはいえないその時代から食育は重要な教育であり、あらゆる教育につながるとされていたのです。

食育には、老若男女を問わず国民が健やかで、心豊かな生活が送れるように食について正しい知識を身に付けて、安心・安全な食事ができるようにするという目的があります。そのため国全体で、乳幼児期からの食育に力を注ぎ、保育所や学校でも食育活動が行われています。なかには「食育活動をわざわざ保育所や学校でやらなくとも、家庭でできるのでは」と思う方もいるかもしれませんが、これがなかなか難しいのです。

みなさんがいつも食事を取る食卓は、家族の団らんの場で、朝は顔を合わせて健康チェックができ、夕食時は、食事をしながら一日の出来事を話し、心を癒やす空間になります。こうした日々の食生活を通じて、私たちは自然に子どものころから食事の「大切さ」や「楽しさ」を理解していきます。しかし、家族でもライフスタイルが異なりはじめ、食卓で顔を合わせることが少なくなり、「いつ」「誰」が食事をし、「何を」食べて学校や仕事に行ったのかを気にも留めなくなっているという現状もあります。残念なことですが、家庭内で食事の「大切さ」や「楽しさ」を伝える機会も減ってきています。

以前、ある児童養護施設の施設長と食について話をしたことがありました。「手づくりの食事が理想的ですね」と話を切り出したところ、「“手づくり”よりも“誰”と食べるかじゃないですか」と返されました。今でもその言葉が深く胸に残っています。食べ物があふれている今、「何を食べたらいいの？」ではなく、「誰と食べる？」を問わないといけないのかもしれません。

2013（平成25）年12月に「和食；日本人の伝統的な食文化」がユネスコ無形文化遺産に登録されました。これは、日本にとって栄誉あることです。なぜなら世界が、日本国民が食べている食事は、栄養にも優れ、自然と調和しつくられているものだと関心を寄せているからです。食育は、大人から子どもへと伝承していくだけでなく、子どもを通して大人も学んでいくものです。世界に誇る日本の食文化を大切にしつつ、押し付けのない「真の食育」が展開されることを期待しています。

参考文献：岩佐勢市「石塚左玄　117年前の願い」『月刊食生活　2013年7月号』カザン 2013年

1 施設養護　2 家庭養護　3 小規模化／地域分散化（順不同）

Chapter 9 障害のある子どもへの福祉施策

●イメージをつかむインプットノート

Section 1 「今日における障害観」のアウトライン

ノーマライゼーション、インクルージョンといった障害観を確認したのち、WHO（世界保健機関）による「障害」の捉え方について学びます（p.150）。

Keyword

- ☑ ノーマライゼーション
- ☑ インクルージョン
- ☑ ICF

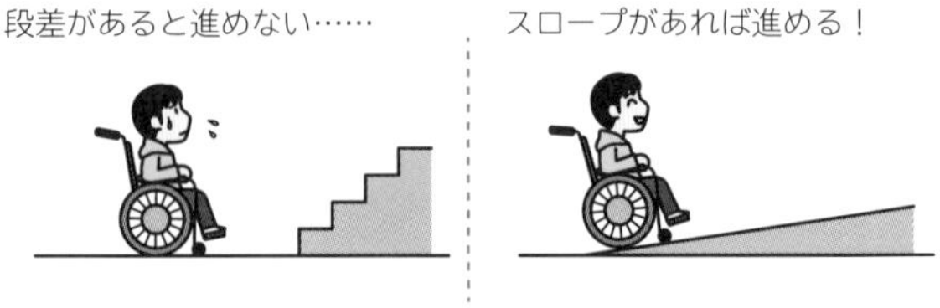

段差があると進めない……
スロープがあれば進める！

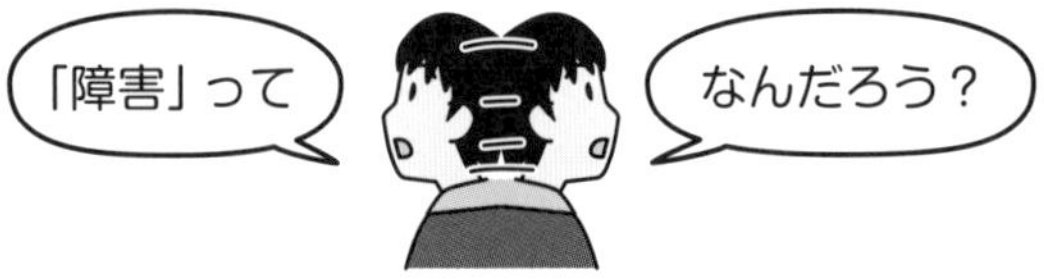

「障害」って
なんだろう？

Section 2 「障害・障害児の定義と福祉施策・サービス」のアウトライン

障害福祉関連法等には「障害」「障害児」の定義がなされています。障害のある子どもへの福祉サービスは、主に児童福祉法に基づき実施されます（p.152）。

Keyword

- ☑ 障害
- ☑ 身体障害
- ☑ 知的障害
- ☑ 精神障害
- ☑ 発達障害
- ☑ 障害児通所支援
- ☑ 障害児入所支援
- ☑ 在宅福祉サービス
- ☑ 特別児童扶養手当

在宅で受けられるサービスと
施設（通所・入所）での
サービスがあるよ

Section 3 「障害児保育・特別支援教育と障害がある子どもへのアプローチ」のアウトライン

障害のある子どものための保育・教育の場を学ぶとともに、アプローチする際に保育者として留意すべきことを考えます（p.157）。

Keyword

- ☑ 障害児保育
- ☑ 特別支援教育
- ☑ 子どもの最善の利益

「障害」というフィルターをかけてない？
一人ひとりの子どもに向き合っているかなぁ……？

Section 1 今日における障害観

3分 Thinking

• あなたの「障害」との「出会い」は何ですか。いつ、どのような「出会い」をしたか、話し合ってみましょう。

1　違いを受け止める

要約 「障害」のある子どもと出会った際の保育者として大切なことは、違いを受け止め、その子どもが、どのように感じて、何を伝えようとしているのかを考えることです。

あなたが就学前に過ごした保育園、幼稚園、こども園、または小中高校時代に「少しみんなと変わっている」と感じたクラスメートはいませんでしたか。そのときはどうして違うのかよく理解できなかったかもしれません。自分と少し違う行動や考え方を理解するのはとても難しいことです。

これからあなたは、保育者としてさまざまな子どもと出会い、関わります。自分の考えや受け止め方とは違う子どもにも出会うことでしょう。そのときに、まずは「違いを受け止め」、この子どもは「どう感じているのか、どんなことを伝えようとしているのかを考える」ことは、保育者として大切な観点といえます。

2　「障害」観の変遷

要約 1950 年代に登場した「ノーマライゼーション」が示す理念は、社会福祉に留まらないさまざまな分野での取り組みにおいても広く生かされています。

障害概念の国際的な共通の枠組みを示したものは「国際生活機能分類（ICF）」です。

①ノーマライゼーションとインクルージョン

「ノーマライゼーション」という言葉を知っていますか。

これは 1950 年代に、デンマークのバンク - ミケルセンが提唱した、障害がある人も、健常者と同様の生活ができるように支援するべき、という考え方です。ノーマライゼーションは、この考え方に向けた運動や施策などを指す言葉として日本を含めた世界に浸透していきました。

どんな人でも、その人格を尊重され、同じ権利を持つ主体として、生まれ育った社会でその人らしい生活が保障されるべきであるとして、今日においては、社会福祉に留まらず、教育や行政分野等の現場においても、その理念を生かした取り組みが行われるようになっています。

近年、社会全体が、あらゆる人を受け止め、誰もが認められる社会を実現していくことが重要であるという「インクルージョン（包摂）」の用語と、その取り組みが始まっていますが、これもノーマライゼーションの理念を具現化したものです。

②国際障害分類（ICIDH）から国際生活機能分類（ICF）へ

WHO（世界保健機関）は、障害概念の国際的な共通の枠組みとして、かつて「国際障害分類（ICIDH）」（1980年）を用いていました。これは、機能障害があり、そこから能力不全ができ、社会的不利につながるという「医療モデル」と呼ばれるものでした。

これが2001年に「国際生活機能分類（ICF）」に変更されました。これは「総合モデル」と呼ばれ、今までの「医療モデル」から、本人と社会がどうかかわっていくかという「社会モデル」を統合するという考え方で、その特徴は、どんな「障害」があったとしても、どんな活動ができ、参加ができるかについて、できるだけ否定的な言葉を使わずに考えるというものです。図９－１のように、矢印が双方向になり、個人のみならず、環境の要因によって、その人の活動や参加の方法も変化していくという考え方に変わりました。

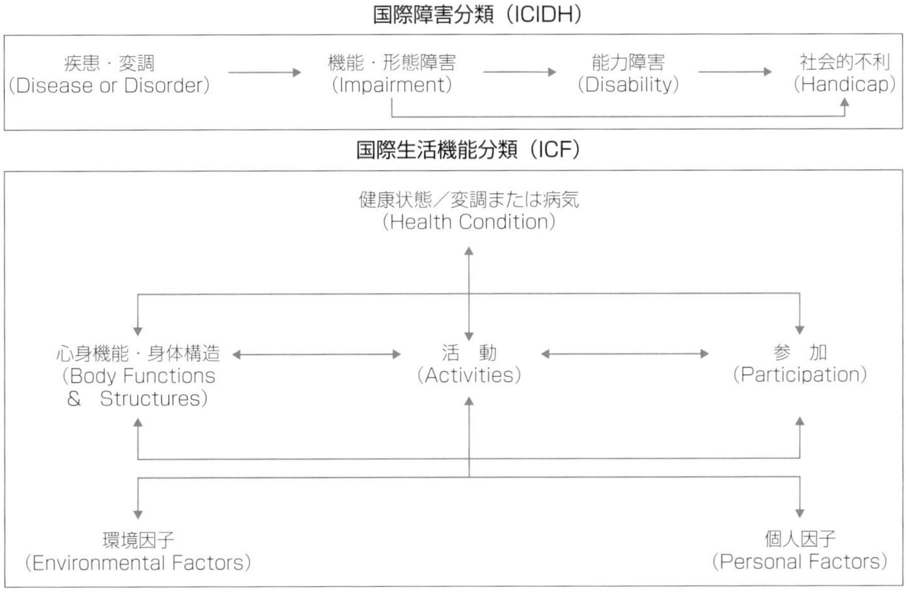

図９－１　国際障害分類（ICIDH）と国際生活機能分類（ICF）

Section 2 障害・障害児の定義と福祉施策・サービス

3分 Thinking

• あなたの身の回りにある、施設、製品、情報等の設計において、障害のある人などに配慮されていると思うものをあげてみましょう。

1 障害・障害児の定義

要約 障害者基本法に基づき、障害種ごとに枝分かれする形で立法される障害者福祉関連法等において、それぞれの「障害」について定義されています。

①障害がある人・子どものイメージ

あなたは、障害のある人（子ども）を身近に知っていますか。障害といっても幅が広く、また、同じ障害でもその特性・状態像はさまざまです。

車いすを使っている、盲導犬と歩いているなど、わかりやすい障害もあれば、すぐにはわからない障害もあります。近年、保育現場などにおいて、「集団での行動が苦手」「お友だちとの関わりがうまくいかない」など、配慮が必要な子どもが増えていますが、このような「気になる子ども」のなかには、すぐにはわからない障害を抱えている場合もあります。

②障害者基本法で示される「障害」「障害者」の定義

障害者基本法第２条第１項において、「身体障害、知的障害、精神障害（発達障害を含む。）その他の心身の機能の障害」を「障害」と総称し、「障害及び社会的障壁[*1]により継続的に日常生活又は社会生活に相当な制限を受ける状態にあるもの」を「障害者」と定めています。

障害者基本法は、日本における障害者福祉施策の基本原則と、国、地方公共団体等の責務等を定めた障害者福祉関連法の基盤となるもので、本法で定義する障害種ごとに法律が分化する法体系となっています。

＊１　**社会的障壁**
同条第２項において「障害がある者にとって日常生活又は社会生活を営む上で障壁となるような社会における事物、制度、慣行、観念その他一切のものをいう」とされています。

③障害児とは

児童福祉法第４条では、「児童」の定義のなかで「障害児」について、「身体に障害のある児童、知的障害のある児童、精神に障害のある児童（発達障害者支援法第２条第２項に規定する発達障害児を含む。）又は治療方法が確立していない疾病その他の特殊の疾病であつて障害者の日常生活及び社会生活を総合的に支援するための法律第４条第１項の政令で定めるものによる障害の程度が同項の主務大臣が定める程度である児童」と規定しています。

「身体障害」「知的障害」「精神障害」「発達障害」の定義については、以下、障害種ごとの障害者福祉関連法等から学びますが、これら定義に該当する「障害」のある18歳未満の子どもが「障害児」となります。

④身体障害

身体障害者福祉法では「身体障害者」を「別表に掲げる身体上の障害がある18歳以上の者であつて、都道府県知事から身体障害者手帳の交付を受けたもの」としています（第4・15条）。別表とは「身体障害者障害程度等級表」のことで、表９－１で示した機能の障害ごとに、その障害の程度について１～７級の等級の範囲で区分しています。

⑤知的障害

「知的障害」の定義は、知的障害者の福祉に関する個別法である「知的障害者福祉法」では規定されていません。厚生労働省がかつて実施した知的障害児（者）基礎調査では「知的機能の障害が発達期（おおむね18歳まで）にあらわれ、日常生活に支障が生じているため、何らかの特別な援助を必要とする状態にあるもの」と定義されています。

実際の知的障害の判定においては、①知的機能が明らかに低く（IQ70以下）、②同時に適応行動（適応スキル）の障害を伴う状態が見られ、③発達期（18歳まで）に現れることなどを総合的に判断して行われています。

⑥精神障害

精神保健及び精神障害者福祉に関する法律第５条で、「統合失調症、精神

表９－１　身体障害者手帳の交付対象となる障害

<table>
<tr><td>視覚障害</td><td rowspan="2">聴覚又は平衡機能の障害
・聴覚障害
・平衡機能障害</td></tr>
<tr><td>音声機能、言語機能又はそしゃく機能の障害</td></tr>
<tr><td>肢体不自由
・上肢
・下肢
・体幹
・乳幼児期以前の非進行性の脳病変による運動機能障害（上肢機能・移動機能）</td><td>内部障害
・心臓機能障害
・じん臓機能障害
・呼吸器機能障害
・ぼうこう又は直腸の機能障害
・小腸機能障害
・ヒト免疫不全ウイルスによる免疫機能障害
・肝臓機能障害</td></tr>
</table>

作用物質による急性中毒又はその依存症、知的障害、精神病質その他の精神疾患を有する者」を「精神障害者」と定義しています。

⑦発達障害

保育現場で「気になる子ども」といわれている子どものなかには、発達障害が疑われる場合が少なくありません。

発達障害者支援法第２条では、「発達障害」について、「自閉症、アスペルガー症候群その他の広汎性発達障害、学習障害、注意欠陥多動性障害[*2]その他これに類する脳機能の障害であってその症状が通常低年齢において発現するものとして政令で定めるもの」とし（第１項）、「発達障害者」とは、「発達障害がある者であって発達障害及び社会的障壁により日常生活又は社会生活に制限を受けるもの」をいい、「発達障害児」とは、「発達障害者のうち18歳未満のもの」と定義しています（第２項）。

定義にある自閉症、アスペルガー症候群その他の広汎性発達障害については、「自閉スペクトラム症／自閉症スペクトラム障害」[*3]と診断された子どもとして、保育・教育の現場に通うケースがあることを覚えておきましょう。自閉スペクトラム症の特徴としては、社会性（対人関係を含む）や社会的コミュニケーションの発達、想像力の発達の偏りと遅れがあること、限定的で反復的な行動が見られることの２つがあげられます。

＊２　**学習障害・注意欠陥多動性障害**
アメリカ精神医学会『精神の診断・統計マニュアル第５版（DSM-5）』（2013年）に基づき、精神医学の臨床現場においては「学習障害」を「限局性学習症」、「注意欠陥多動性障害」を「注意欠如・多動症」と診断される場合があります。

＊３　**自閉スペクトラム症／自閉症スペクトラム障害**
アメリカ精神医学会『精神疾患の診断・統計マニュアル　第５版（DSM-5）』（2013年）に基づき、精神医学の臨床現場においては、この名称で診断される場合があります。

⑧難病

厚生省（現・厚生労働省）『難病対策要綱』（1972年）では、難病について「①原因不明、治療方法未確立であり、かつ、後遺症を残すおそれが少なくない疾病、②経過が慢性にわたり、単に経済的な問題のみならず介護等に著しく人手を要するために家族の負担が重く、また精神的にも負担の大きい疾病」としています。この要綱のもと、各種事業が推進されています。

2012（平成24）年の児童福祉法等の改正により、障害の定義にこの難病患者（難病児）が加えられ、障害者福祉施策・サービスの対象となりました。

2　障害のある子どもへの福祉施策・サービス

要約　障害のある子どもへの福祉施策・サービスは、児童福祉法、障害者総合支援法等に基づき実施されます。

①障害の早期発見・早期療育

Chapter6で学んだ母子保健施策である乳幼児健康診査、乳児家庭全戸訪問事業や新生児訪問指導の実施により、障害の早期発見につなげています。

早期療育[*4]については、母子保健法や児童福祉法に基づき、未熟児養育医療や小児慢性特定疾病対策などが行われています。

＊4 **療育**
障害のある子どもに対して、医学的な診断、評価に基づいた個別指導を行うことをいいます。

②児童福祉法に基づくサービス

2012（平成24）年度から、それまで障害種別ごとに実施されていた障害のある子どもに対する事業・施設サービスは児童福祉法に基づく、通所・入所の機能別に「障害児通所支援」「障害児入所支援」の２つに再編され、実施されています。

障害児通所支援は、「児童発達支援」「放課後等デイサービス」「保育所等訪問支援」等があります（表９－２）。これらは児童福祉施設である児童発達支援センター[*5]、あるいは児童発達支援事業等を行う事業所等により実施されます。障害児入所支援は、児童福祉施設である障害児入所施設において、入所による日常生活の指導、知識技能の付与を行うものです。通所・入所のそれぞれの施設は、専門医療の提供の有無により、福祉型と医療型に分類されます（p.71を参照）。

＊5
児童発達支援センターは、これまでは「医療型」と「福祉型」に分かれていましたが、2022（令和４）年度の児童福祉法の改正で、その機能を充実させる目的で一元化されました。

なお、障害児入所施設は、子どもの障害特性に応じた専門的な支援を行う場ではありますが、児童養護施設などにおいても、発達の遅れや障害がある子どもの入所が増えていることも理解してください。

③障害者総合支援法に基づくサービス

在宅で過ごす障害のある子どもに対して障害者の日常生活及び社会生活を総合的に支援するための法律（以下「障害者総合支援法」）に基づくサービスがあります。これは、障害のある人が自立した日常生活を送ることができるように個別に支援する「自立支援給付」[*6]と、自治体が地域の実情に応じて柔

表９－２ 障害児通所支援の概要（児童福祉法６条の２の２）

サービス名	対象者およびサービス内容
児童発達支援	児童発達支援センター等の施設に通所させ、日常生活における基本的な動作の指導、知識技能の付与、集団生活への適応訓練等を行います。また、肢体不自由のある子どもを対象に、児童発達支援センターに通所させ、児童発達支援および治療を行います。
放課後等デイサービス	学校（幼稚園および大学は除く）に就学している障害がある子どもを対象に、授業の終了後または休業日に児童発達支援センター等の施設に通所させ、生活能力の向上のために必要な訓練、社会との交流の促進等を行います。
保育所等訪問支援	保育所等（乳児院や児童養護施設も含む）の子どもが集団生活を営む施設を利用する障害がある子どもを対象に、保育所等を訪問し、障害がない子どもとの集団生活への適応のための専門的な支援等を行います。
居宅訪問型児童発達支援	重度の障害の状態等により、児童発達支援、医療型児童発達支援、放課後等デイサービスを受けるための外出が難しい子どもの居宅を訪問し、日常生活における基本的な動作の指導、知識技能の付与、生活能力の向上のために必要な訓練等を行います。

＊6　**自立支援給付**
在宅で訪問によって受けるサービス、施設への通所や入所によるサービス、就労支援など、障害がある人の状態やニーズに応じて個別に給付されます。「介護給付」「訓練等給付」「自立支援医療」「補装具」等の種類があります。

軟に実施する「地域生活支援事業」を大きな柱としたサービス体系により実施されています。障害がある子どもが利用できる主なサービスについては表９－３を参照してください。

なお、児童福祉法、障害者総合支援法に基づくサービスの利用にあたっての相談窓口となるのは身近な市町村です。

④経済的支援

特別児童扶養手当等の支給に関する法律に基づき、障害がある子どもの福祉の増進を目的として、その家庭や本人への経済的支援が行われています(p.62を参照)。

それぞれの手当額については、次の通りです（2023［令和5］年度の月額）。

特別児童扶養手当…１級：５万3,700円、２級：３万5,760円

障害児福祉手当……１万5,220円

特別障害者手当……２万7,980円

⑤医療的ケア児に対する支援

＊7　**医療的ケア児**
医学の進歩を背景として、NICU等に長期入院した後、引き続き人工呼吸器や胃ろう等を使用し、たんの吸引（喀痰吸引）等の医療的ケアが日常的に必要な子どものことをいいます。

近年、「医療的ケア児*7」と言われる子どもが増加しています。これに伴い、「医療的ケア児及びその家族に対する支援に関する法律」が2021（令和3）年に施行されました。

この法律では、基本理念として「医療的ケア児が医療的ケア児でない児童と共に教育を受けられるよう最大限に配慮しつつ適切に教育に係る支援が行われる」ことが定められています。また、国や自治体に対し、支援に係る施策の責務を定めているほか、保育所や学校などの設置者に対し、適切な支援を行う責務があることや喀痰吸引等の必要な措置についてなどが定められています。

表９－３　障害者総合支援法に基づく障害がある子ども等を対象とした主な在宅福祉サービス

給付の種類	サービス名	対象者およびサービス内容
自立支援給付のうち、介護給付によるサービス	在宅介護（ホームヘルプ）	自宅において、入浴、排泄、食事等の身体介護、掃除、買い物等の家事援助を行います。
	同行援護	視覚障害により移動に著しい困難がある人に、移動に必要な情報提供（代筆・代読を含む）、移動援護、身体介護を行います。
	行動援護	知的障害または精神障害により行動上著しい困難があり、常時介護が必要な人に、危険を回避するために必要な支援や外出支援を行います。
	短期入所（ショートステイ）	自宅の介護者が病気の場合等に、短期間、障害者支援施設等で、入浴、排泄、食事等の身体介護を行います。
地域生活支援事業（市町村）	移動支援事業	屋外での移動が困難な障害がある人に、円滑な外出のための移動支援を行います。
	日中一時支援	一時的に見守り等の支援が必要な障害がある人に対して、日中、障害福祉サービス事業所等において、活動の場を提供し、見守り、社会適応のための日常的な訓練等を行います。

Section 3 障害児保育・特別支援教育と障害のある子どもへのアプローチ

3分 Thinking

- 保育者であるあなたのクラスには障害のある子どもがいます。クラスの子どもたちに、どのように「障害」について説明しますか（活用したい話題やツールはありますか）。

1　障害のある子どもの保育・教育

要約 障害のある子どもの保育・教育の場である保育所や認定こども園では、加配保育士による保育が、特別支援学校や特別支援学級では特別支援教育が実施されます。

①障害のある子どもの保育

障害のある子どもは、先のSection1で紹介した児童発達支援のサービスのみでなく、地域の保育所・認定こども園に通う場合や、児童発達支援センターと並行通園している場合もあります。市町村などが必要と判断すると、より個別に配慮した保育や支援を行うために、保育所や認定こども園には加配保育士が置かれます。

②特別支援教育

義務教育の年齢になると、特別支援教育が実施されます。それは、特別支援学校と、地域の小中学校に設置される特別支援学級に分かれます。

2　障害のある子どもへのアプローチ

要約 保育·教育の場で、障害のある子どもと関わる際のヒントは、その目の前にいる「子どもの見方」にあります。

①障害のある子どもをどう見るのか

障害のある子どもといっても、本当に一人ひとり違います。また、保育・教育の時期は、子どもの心身面も大きく変わっていきます。そのことを前提に、どのように関わるかを考えてみましょう。

あなたが関わる障害のある子どもは、周りの人（友だち・保育者・保護者など）とどのように関わっていますか。周りからの働きかけに対して、どのような受け止め方をしていますか。そこからどう行動していますか。それを理解するためには、まず、その子どもをじっくりと見て、関わって、知ることしかありません。違いを受け止めて、目の前の子どもから学ぶ姿勢を大切にしましょう。

②子どもの最善の利益の追求

障害のある子どもについて学びを深めると、「一人ひとりと丁寧に関わること」にほかならないことがわかるでしょう。そして、これは保育者として子どもと関わるうえで大切なことであって、障害のあるなしに関わらないことに気付くはずです。一人ひとりの子どもと丁寧に関わることは、子どもの最善の利益につながります。保育者として、目の前の子どもに誠実に向き合いましょう。

③障害観、障害者観について

最後に、障害観、障害者観をめぐる２つの話題を取り上げます。

○新型出生前診断（NIPT）

胎児の疾病や障害を早期に発見し、治療する目的として、以前から出生前診断が実施されていました。これが 2013（平成 25）年４月から妊婦への採血で診断できる方法が認められました。それまでの診断方法に比べて、母体へのリスクや負担が減ることのメリットと、「命の選別」につながるというデメリットが議論になっています。

○相模原障害者殺傷事件

「障害者は社会の役に立たない」「意思疎通のできない人から殺害した」。

2016（平成 28）年７月、神奈川県相模原市の障害者支援施設で 19 人の障害者が殺害され、そのほかにも多数の障害者・支援スタッフが負傷する事件が起こりました。この事件は、社会での「障害がある人」への見方を改めて問い直す契機となりました。また SNS の世界でのその後の反応も、今なお議論となっています。

【参考文献】

●神戸賢次・喜多一憲編『新選・児童家庭福祉　第２版』みらい　2014 年

●学びを振り返るアウトプットノート

年　月　日(　)　第(　)限　学籍番号　　　　　　氏名

✣ このChapterで学んだこと、そのなかで感じたこと（テーマを変更してもOK）

✣ 理解できなかったこと、疑問点（テーマを変更してもOK）

✣ TRYしてみよう ✣

1 バンク - ミケルセンは、障害がある人も、健常者と同様の生活ができるように支援するべきという「(　　　　　　　　　　　　　)」を提唱した。

2 わが国の障害福祉施策・サービスの対象となる障害種は（　　　　）障害、(　　　　)障害、(　　　　）障害［(　　　　）障害を含む]、(　　　　）に区分されます。

3 特別支援学校や地域の小中学校に設置される特別支援学級に通う障害がある子どもには（　　　　　　　）が行われています。

○ コラム⑨ 療育へとつなぐ「親子教室」の役割 ○

障害のある子どもや発達に遅れが見られる子どもとその家族を支える仕組みである地域療育システムには、保健所や市町村保健センターなどの「保健機関」、児童発達支援センターなど療育を行う「療育機関」、そして保育所において保育を行う「保育機関」があり、それぞれが役割を持って連携しています。具体的には、乳幼児健康診査で障害や発達の遅れが懸念されれば、子どもとその家族への支援が始まり、子どもは児童発達支援センターなどでの療育を通して生活の基盤や興味・関心を広げ、保育所や認定こども園で大きな集団での生活を経験していきます。そのなかで、各機関は連携を取りながら、役割を果たしていきます。

ここで、丁寧な支援を必要とするのが、市町村保健センターの乳幼児健康診査から療育機関への移行の時期です。保護者にとって、子どもの障害を認めるということは、とても難しいことです。そのため、自分の子どもに障害がある、もしくはその可能性があると思っていても、なかなか療育を受けると決断をすることは難しくなります。

そこで、母子保健と療育や保育の間をつなぐ役割として「親子教室」があります。「親子教室」は、療育の専門施設や保育所などに通う前に、子どもと家族が初めて経験する集団の場で、障害の診断を受けなくても利用できるのが特徴です。どんな子どもにも素敵な可能性があることを親に発見してもらうために、そして必要な子どもには、専門の療育機関を利用することを選択してもらうために、保健所や市町村保健センターが「親子教室」を運営している場合があります。

「親子教室」の役割として、まず子どもが楽しく遊べ、家族も気兼ねなく過ごせることが大切です。慣れない空間や雰囲気は、子どもにとっては不安に感じるものですが、大好きな家族と一緒に過ごすことで、乗り越えることができます。これは、改めて子どもが保護者を求めるという経験につながり、親子のコミュニケーションを深めることになります。

遊びの内容も、家ではできない遊びを集団で取り組んでいきます。そして、子ども自身のやりたいという気持ちを育てるため、生活の流れのなかで自分のできることをつくってあげることも意識しています。これは、気持ちと行動を結び付けて、うれしい思いを伝え合う場面を増やすことにつながります。子どものできなさへ意識が傾きやすい家族とは、さまざまな場面で子どもができることは何かを一緒に探し、家族がそれを発見できる喜びを得て、子育ての主体者になれるような援助につなげています。

親子教室へ通い、子どもの姿が変わっていくことで、家族も療育を受けることに対して前向きな気持ちへと変わっていくことができます。

Chapter 10 心理治療の必要性や非行問題を抱える子どもへの支援

●イメージをつかむインプットノート

Section 1 「心理治療を必要とする子どもへの支援」のアウトライン

心理治療を必要とする子どもの姿やその背景をふまえたうえで、児童心理治療施設における支援について学びます（p.162）。

Keyword

- ☑ 情緒障害
- ☑ 心理治療
- ☑ 児童心理治療施設

Section 2 「非行問題を抱える子どもへの支援」のアウトライン

非行問題を抱える子どもの姿やその背景をふまえたうえで、児童自立支援施設の役割等、子どもを支える仕組み等について学びます（p.165）。

Keyword

- ☑ 非行少年
- ☑ 少年法
- ☑ 児童福祉法
- ☑ 少年院
- ☑ 児童自立支援施設

Section 1 心理治療を必要とする子どもへの支援

3分 Thinking

• いじめや虐待が子どもに与える影響について考えてみましょう。

1 心理治療を必要とする子どもへのこれまでの支援の変遷

要約 育ちの環境等により、治療が必要な心の状態になった子どもの保護については、これまでは情緒障害児短期治療施設における心理治療等が行われてきました。

①心理治療とは

心理治療とは、虐待やいじめの影響によりPTSD[*1]の症状が出ている、不登校など学校にうまく適応できない、大人への反抗や暴言・暴力を繰り返す、情緒が不安定でパニック状態になるなどといった子どもに対して行う心を癒やす体験を積み重ねながら健全な社会生活を営むことができるようにするための治療的な関わりのことをいいます。

このような心理治療を必要とする子どものうち、育ちの環境が不適切であるなど保護が必要な子どもたちを支援する児童福祉施設が「児童心理治療施設」です。本施設は、2016（平成28）年6月の児童福祉法改正により、「情緒障害児短期治療施設」から改称された施設です（2017［同29］年4月施行）。

ここでは、情緒障害児短期治療施設から児童心理治療施設への改称の経緯等を確認した後、心理治療が必要な子どもへの支援内容について学びます。

＊1 **PTSD**
p.139を参照のこと。

②情緒障害と情緒障害児短期治療施設（現・児童心理治療施設）における支援

情緒障害児短期治療施設は1961（昭和36）年に児童福祉法の改正により設置され、当初は、後述する非社会的行動や反社会的行動が認められる子どもを主な支援の対象としていました。法制化に伴い、本施設に通所・入所する子どもの範囲を示す言葉として「情緒障害」[*2]が使われるようになりました。

情緒障害の定義について、文部科学省初等中等教育局特別支援教育課の「障害のある子供の教育支援の手引〜子供たち一人一人の教育的ニーズを踏まえた学びの充実に向けて〜」（令和3年6月）では「周囲の環境から受けるストレスによって生じたストレス反応として状況に合わない心身の状態が持

＊2 **情緒障害**
「情緒」は感情を指す言葉であることから「情緒障害」と表現されるようになったと考えられています。「身体障害」のように、医師が診断するうえで明確な基準があるものではなく、具体的にどのような状態を指すのかあいまいな使い方がされていました。

続し、それらを自分の意思ではコントロールできないことが継続している状態」としています。その行動上の特性は、①非社会的行動（かん黙、不登校など）、②反社会的行動（反抗・暴力、盗み、怠学など）、③神経性習癖（チック・爪かみ、夜尿・遺糞、吃音など）④その他の問題行動（虚言など）などです。

1990年代以降、核家族化、少子高齢化の進行等の問題に加え、2021（令和3）年には児童相談所における子ども虐待の相談対応件数が20万件を超えるなど、子ども虐待問題の予防と対策が喫緊の課題となっています。子どもを取り巻く社会環境が大きく変化するなか、情緒障害児短期治療施設では、虐待を理由に入所する子どもが多くなってきました[*3]。

このように対象となる子どもの状態像は変化しても、育ちの環境が原因で治療が必要な心の状態になった子どもたちに心理的ケアを行うという本施設における支援の主な目的はこれまで通りのものです。また、「障害」という言葉が、その子どもの性格に生まれつき問題があるかのような印象を与えてしまうのではないかといった、本人、家族、関係者からの意向をふまえ、「児童心理治療施設」という通称名を使うようになり、児童福祉法の改正により改称されました。

＊3
厚生労働省「児童養護施設入所児童等調査の結果（平成30年2月1日現在）」（2020年）によると、本施設の入所児童のうちの78.1％が「被虐待経験あり」と回答しています。

2　児童心理治療施設における支援

要約　児童心理治療施設では、家庭や学校などの環境上の理由によって社会生活への適応が困難となった子どもを入所、通所させ、心理治療や生活指導等を行います。

①児童心理治療施設とは

児童心理治療施設は「家庭環境、学校における交友関係その他の環境上の理由により社会生活への適応が困難となつた児童を、短期間、入所させ、又は保護者の下から通わせて、社会生活に適応するために必要な心理に関する治療及び生活指導を主として行い、あわせて退所した者について相談その他の援助を行うことを目的とする施設」です（児童福祉法第43条の2）。つまり、心理的問題を抱え日常生活の多岐にわたり支障を来たしている子どもたちに、医療的な観点から生活支援を基盤とした心理治療を中心に、学校教育との緊密な連携による総合的な治療・支援を行う施設です。

前項で述べた、施設を利用する子どもに対して、精神科または小児科の医師、臨床心理士など心理療法担当職員、児童指導員、保育士、看護師、個別対応職員、家庭支援専門相談員、栄養士、調理員などの専門職が日々の生活支援や治療などを協力して行います。このうち、保育士は、子どもたちの日々の生活支援に関わります。

②支援内容

○「総合環境療法」による支援

児童心理治療施設は施設全体が治療の場であり、施設内で行うすべての活動が治療であるという「総合環境療法」の立場を取っています。具体的には①医学・心理治療、②生活指導、③学校教育、④家族との治療協力、⑤地域の関係機関との連携、の５つを柱に、医療的な観点からの生活支援を基盤とした心理治療を中心に、学校教育との緊密な連携による総合的な治療・支援を行っています。

心理治療では、小学生にはゲームや絵を描くといった活動を通じて、心のなかの不安や葛藤を表現してもらい、それらを緩和できるよう支援します。中学生にはカウンセリングが中心になります。このように心理治療では、問題を直接解決するのではなく、自己理解を深め、そのうえで子どもを取り巻く状況の改善方法を一緒に考えていくことが多くなります。カウンセリングは個別に行うことを基本としていますが、集団で行うこともあります。そして、一部の子どもには、心理治療だけでなく症状軽減のための医師による薬物治療を行うことがあります。

生活指導は、治療的観点から、子どもの自主性を尊重しつつ、安定した生活の場を提供し、基本的生活習慣を確立するとともに豊かな人間性および社会性を養い、かつ、将来自立した生活を営むために必要な知識および経験を得ることができるように行われます。

そのほか、施設の敷地内などに特別な支援を行う学校教育の場を用意して、子どもが、その適性、能力等に応じ、主体的に学習に取り組むことができるよう、学校教育、学習指導が行われています。

○保護者を含めた支援

児童心理治療施設では、子どもへの支援と同様に保護者への支援も重要とされます。利用に至る前段階における施設見学に始まり、子どものみでなく保護者への聞き取りにより、家庭生活への復帰に向けた支援の糸口を探ります。支援開始後は、子どもへの治療的関わりの状況を伝えるとともに、保護者自身に対する個人面接を行い、親子面接、親子外出、親子外泊、一時帰宅、家庭訪問などのさまざまな支援を通して、親子関係の回復、家庭環境の調整につなげていきます。このように、子どもの家庭の状況に応じ、親子関係の緊張を緩和し、親子関係の再構築等が図られるように行われます。

なお、子どもの保護者や退所した子どもたちは、アフターケアとしての通所や外来治療を中心とした治療・支援の対象となります。

Section 2 非行問題を抱える子どもへの支援

3分 Thinking

- 子どもが非行に走る背景には、家庭環境などの外的要因が含まれます。どのような状況が要因になるのか考えてみましょう。

1　非行問題を抱える子どもの少年法・児童福祉法による位置付け

要約　非行問題を抱える子どもの処遇にあたっては、少年法と児童福祉法による保護的な視点が重要視されます。

①非行少年とは

法律上、「非行少年」という言葉は定義されていません。少年法第３条で「家庭裁判所の審判に付すべき少年」として規定される、「犯罪少年」「触法少年」「虞犯（ぐはん）少年」の３類型の少年を総称して、私たちは非行少年と呼んでいます。

なお、少年法第２条では、「少年」を「20 歳に満たない者」と定義しており、これには男性だけではなく、女性も含まれます。また、児童福祉法では、非行少年は「要保護児童」として位置付けられています。

○犯罪少年

犯罪少年とは、14 歳以上 20 歳未満の罪を犯した少年 *4 をいいます。

刑法第 41 条では 14 歳未満の者の行為は罰しないとしています。少年法もこれにならい、14 歳以上の少年が違法行為をすると「犯罪」となり、警察に検挙され、大半は家庭裁判所に送致されます。また、14 歳以上の少年は、成年者 *5 と同じ刑事裁判を受けることもあります。16 歳以上で殺人などの重大な犯罪を行った少年は原則として検察官に送致（逆送致）され、成年者と同じ刑事裁判を受けることとなっています。

○触法少年

触法少年とは、14 歳未満で刑罰法令にふれる行為をした少年をいいます。

14 歳未満の者の行為は罰しないとされていることから（刑法第 41 条）、刑事責任能力がまだないと見なされ、その行為は「刑罰法令にふれる行為＝触法行為」と、回りくどい表現をしているのです。14 歳未満で刑罰法令にふれる行為をすると、警察に補導され、児童相談所に通告されます。

ただし、非行内容が重大である場合などには、児童相談所から家庭裁判所

＊4
2022（令和４）年４月から 18 歳と 19 歳の罪を犯した少年は「特定少年」として扱われています。

＊5
少年法第２条では満 20 歳以上の者を「成人」と定義しています。

に送致されることもあります。

○虞犯少年

虞犯少年とは、「保護者の正当な監督に服しない性癖のあること」「正当の理由がなく家庭に寄り附かないこと」「犯罪性のある人若しくは不道徳な人と交際し、又はいかがわしい場所に出入すること」「自己又は他人の徳性を害する行為をする性癖のあること」の事由により、その性格または環境から、将来、罪を犯し、または刑罰法令にふれる行為をするおそれのある少年をいいます。14 歳未満の場合は児童相談所に通告され、14 歳以上 18 歳未満の場合は、虞犯の内容によっては、家庭裁判所に送致されることもあります。18 歳以上は児童福祉法の対象外であるため、すべて家庭裁判所に送致されます。

②非行の要因と背景

○家庭環境・家族関係による影響

少年非行の背景には、いくつかの要因が考えられますが、これまでの調査からわかっていることは経済的な状況を含めた生活基盤の弱さを背景とした、子ども虐待をはじめとする家庭環境・家族関係の問題が大きいということです。法務省の「少年矯正統計」を見ると、全国の少年院生のうち、2～3割は貧困な生活環境にありました。経済的な生活基盤の弱さを背景に、親の病気や入院、死亡などの生活課題が重複したときなどを起因として、子どもへの虐待が発生したり、非行につながったりしやすいことが少年院の実施した調査などで示唆されています。

また、2001（平成 13）年の法務総合研究所「児童虐待に関する研究」では、少年院に在院している少年のうち、男子の 49.6%、女子の 57.1%が親からの虐待を繰り返し受けた経験があるとし、厚生労働省「児童養護施設入所児童等調査の結果（平成 30 年2月1日現在）」（2020 年）では、児童自立支援施設の入所児童のうちの 65.6%が「被虐待経験あり」と回答しています。

○障害やいじめ（中傷）による影響

非行少年のなかには、少年鑑別所に入所して初めて知的障害や発達障害を指摘されたり、診断されたりするケースがあります。その数は決して多くはありませんが、適切な時期に、適切な保護や教育を受けていなかったり、周囲から障害特性に対する正しい理解がなされなかったりすると、虐待を受けることや成長するにつれて疎外感や孤独感を強めてしまうことにつながり、それが非行に走る要因となることがあります。また、いじめ（中傷）による心の傷の深さや心のゆがみが原因で非行に走るケースもあります。

③児童福祉法、少年法の改正と厳罰化

○少年法と児童福祉法

先述した非行少年に対しては、少年法と児童福祉法の２つの法律で対応されています。

少年法では、20歳未満の少年による法律や社会ルールに反する行為を非行としていることと、刑法との関係から「14歳」という年齢区分が重要になることの２点について先述しましたが、これに加えて、少年の健全育成を目的に、更生に重きを置くことを理念とし、刑罰を科す司法的な機能ではなく、より福祉・教育的な判断が求められることを理解する必要があります。

児童福祉法においては、18歳未満の子どもを対象に保護的な関わりがなされます。ですから、非行少年への支援としては、特に14歳に満たない子どもに関しては、どのような保護が適切なのかといった福祉的な支援が優先されることになります。

○少年法の改正について

少年法は、将来のある人間を更生させ社会に戻すことを考え、加害少年を保護する法律ですが、凶悪事件が起きるたびに、たとえ少年であっても罪に見合う罰を与えるべきという声があがり、厳罰化の方向へ改正が重ねられてきました。2000（平成12）年改正では14歳以上の少年であれば刑事処分を可能としたことのほか、16歳以上の少年による殺人などの重大犯罪の場合は、逆送致を原則とし、2007（同19）年改正では少年院の収容対象年齢が14歳以上から「おおむね12歳」へと引き下げられ、小学生でも少年院に送致される可能性が出てきました。

被害者遺族の感情への配慮は当然必要ではありますが、少年法の厳罰化によって少年の犯罪が抑止できるのかという議論もあります。先述したように、罪を犯す少年のなかには家庭環境に恵まれない、虐待を受けたなど、さまざまな要因があります。刑罰とともに教育・福祉的な支援にも配慮し、非行の予防や立ち直りを果たせるように進めていく必要があります。

2　非行傾向のある子どもへの対応

要約　非行傾向のある子どもには、児童相談所や家庭裁判所等の判断により、児童自立支援施設への入所、あるいは少年院に入院といった対応が図られます。

図10－1は、非行傾向のある子どもへの福祉的対応を表したものです。

ここでは、児童福祉法に基づく児童相談所、児童自立支援施設による支援等について、家庭裁判所との関わりにふれながら見ていきます。

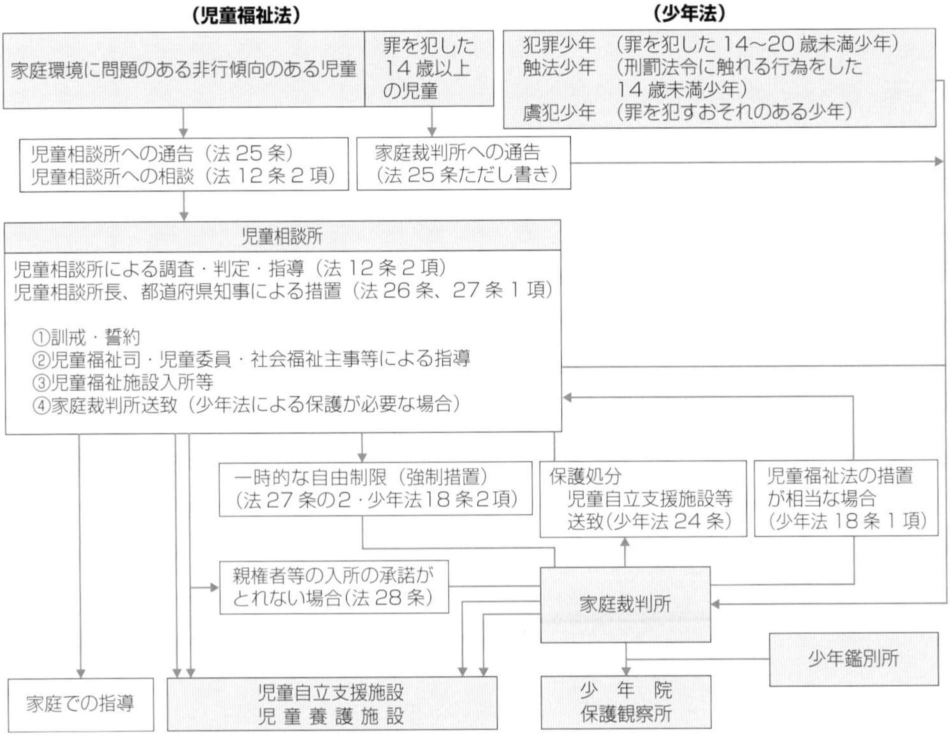

図10－1　非行傾向のある子どもへの福祉的対応

出典：厚生労働統計協会編『国民の福祉と介護の動向　2019/2020』2019年　p.106

①児童相談所における支援

非行少年のうち、家庭環境に非行の主な原因のある者、比較的低年齢の者などには、児童福祉法上の措置が採られます。児童相談所の調査判定に基づき、①子どもや保護者を訓戒し、また誓約書を提出させる、②児童福祉司、児童委員、社会福祉主事などに指導させる、③里親などに委託する、または児童自立支援施設などの児童福祉施設に入所させる、④家庭裁判所に送致する（少年法による保護が必要な場合）といった対応方法が採られます。

②児童自立支援施設における支援

○児童自立支援施設とは

児童自立支援施設は「不良行為をなし、又はなすおそれのある児童及び家庭環境その他の環境上の理由により生活指導等を要する児童を入所させ、又は保護者の下から通わせて、個々の児童の状況に応じて必要な指導を行い、その自立を支援し、あわせて退所した者について相談その他の援助を行うことを目的とする施設」です（児童福祉法第44条）。

このように、本施設の対象の子どもは、不良行為をなし、またはなすおそれのある子どもおよび生活指導等を要する子どもですが、そのなかには、虐待など不適切な養育を受けた、多くの問題を抱える養育環境で育った、乳幼児期の発達課題である基本的信頼関係の形成ができていない、トラウマを抱えている、知的障害や発達障害がある、抑うつ・不安といった問題を抱えているといった子どもも少なくありません。

そのため、児童自立支援専門員と児童生活支援員が父母代わりとなり [*6]、家庭的な雰囲気や温かい生活を通じて「育て直し」が行われます。このような疑似家族的な安全で安心できる環境のなかで育てられる他者への基本的な信頼感は、社会へ出てからの人間関係の基礎となり、自立へとつながっていくことになります。

○入所に至る経緯

本施設への入所にあたっては、児童相談所の措置によるものと、家庭裁判所の審判によるものに分かれます。子どもが法にふれる行為をした場合、少年法に基づき、14 歳未満であれば児童相談所に通告され、措置による入所となります。14 歳以上であれば家庭裁判所に送致されます。14 歳以上であっても中学生の場合には、家庭裁判所の審判により、本施設に入所するか、少年院に入院することになります [*7]。

○「枠のある生活」における支援

本施設は、子どもの健やかな成長・発達を阻害し、行動上の問題を引き起こすような不適切な養育環境や社会的な有害環境から、子どもの保護を行っています。これは、安心・安全な居場所づくり、人的・空間的・時間的・規範的な面などから構造化された「枠のある生活」の営みと呼ばれるもので、本施設における支援の特質です。

入所した子どもに良質な影響を与える生活環境の整備にあたっては、子どもや子ども集団の持つ力を活用した取り組みが重要となります。例えば、生徒会などの自主的な活動を通じて、子ども同士、さらには子どもと職員が、相互の人格を尊重した養育・教育を展開するための生活共同体として機能していることが大切となります。つまり、ここでいう「枠」とは、職員が子どもを管理するためのものや、職員の支援を子どもが受動的に受ける上下関係をつくるものではなく、子どもにとっての自立の方法を示すものとなります。

なお、学校教育については、施設内の分校・分教室における取り組みに加え、出身学校（原籍校）と連携しながら、子どもの学力などに応じた支援を行っています。

③少年院における支援

少年院は、家庭裁判所による少年審判の結果、保護処分として少年院送致

＊6
児童自立支援施設の伝統的な運営形態である「小舎夫婦制」は、各小舎において夫婦職員と入所した子どもが家族のように暮らすことにより、子どもの生活に安定感をもたらし、情緒面の発達・成長を育むには最適なものとされてきました。その一方で、職員にとっては拘束時間が長い、人手不足などといった理由から「交替制」に移行するなど、2021（令和 3）年現在、全国 58 施設のうち小舎夫婦制は 16 施設に減少しています。

＊7
少年院送致の最少年齢は「おおよそ 12 歳以上」ですが、その場合は殺人などの重大事件に限られるため、基本的には 14 歳以上が対象となります。

＊8　**少年院収容受刑者**
懲役や禁固などの実刑判決を受けた16歳未満であって、少年院での矯正教育が有効と認められた少年のことを指します。

を命じられた少年、少年院収容受刑者＊8を収容し、その健全な育成を図ることを目的とした矯正教育、社会復帰支援等を行う施設で、少年院法第4条では、次のように少年院の種類を規定しています。

第1種…保護処分の執行を受ける者であって、心身に著しい障害がないおおむね12歳以上23歳未満のもの（第2種に定める者を除く）
第2種…保護処分の執行を受ける者であって、心身に著しい障害がない犯罪的傾向が進んだおおむね16歳以上23歳未満のもの
第3種…保護処分の執行を受ける者であって、心身に著しい障害があるおおむね12歳以上26歳未満のもの
第4種…少年院において刑の執行を受ける者

少年院における矯正教育の内容は、①善良な社会人として自立した生活を営むための知識・生活態度の習得に向けた「生活指導」、②勤労意欲の喚起、職業上有用な知識・技能の習得に向けた「職業指導」、③基礎学力の向上、義務教育、高校卒業程度認定試験受験指導を行う「教科指導」、④基礎体力の向上を図る「体育指導」、⑤社会貢献活動、野外活動、音楽の実施などの「特別活動指導」の5つの指導領域に分けられます。

社会復帰支援では、さまざまな関係機関と連携を図りながら、在院者の帰住先や就労・修学先を確保するなどといった活動に力を入れています。

【参考文献】

●厚生労働統計協会編『国民の福祉と介護の動向　2019/2020』2019年
●立花直樹・波田埜英治編『児童家庭福祉論　第2版』ミネルヴァ書房　2017年
●櫻井奈津子編『保育と子ども家庭福祉』みらい　2019年
●山縣文治・林浩康編『よくわかる社会的養護　第2版』ミネルヴァ書房　2013年
●厚生労働省雇用均等・児童家庭局長通知「情緒障害児短期治療施設運営指針」2014年
●厚生労働省雇用均等・児童家庭局長通知「児童自立支援施設運営指針」2014年

●学びを振り返るアウトプットノート

年　月　日(　)　第(　)限　　学籍番号..................　　氏名..................

❖ このChapterで学んだこと、そのなかで感じたこと（テーマを変更してもOK）

❖ 理解できなかったこと、疑問点（テーマを変更してもOK）

❖ TRYしてみよう ❖

1 （　　　　　　　　　　）では、家庭や学校などの環境上の理由によって社会生活への適応が困難となった子どもを入所・通所させ、心理治療や生活指導等を行う。

2 少年法第3条で規定される「家庭裁判所の審判に付すべき少年」には、（　　　　　）、（　　　　　）、（　　　　　）の3類型がある。

3 （　　　　　　　　　　）では、非行少年および家庭環境その他の環境上の理由により生活指導等を要する子どもを入所もしくは通所させて、必要な指導等を行い、その自立の支援等を行う。

コラム⑩ 子どもの居場所づくりとアウトリーチ

広がりを見せる「居場所づくり」

子どもたちの生活の基盤は、家族、学校、地域といわれています。しかし、近年では「不登校」「家族と疎遠」「近所の人とは会話をしない」という子どもたちも少なくありません。このように、家族や学校に居場所を見出せない子どもたちが増えていくなか、さまざまな形態の「居場所づくり」が登場するようになりました。児童館や図書館など、公共施設のフリースペースの活用や、近年では、こども食堂、学習支援も一つの居場所の形態として、各地で広がりを見せています。

「予防」を目的としたアウトリーチ

アウトリーチとは、「出向く」「届ける」という意味で、困難を抱えている子どもたちに限らず、虐待や非行、孤立の防止など予防を目的とした支援において、欠かせない視点といえます。困難を抱える、あるいは困難を抱えるおそれのある子どもたちに、待っているのではなく、こちらからアプローチしていくという手法です。

情報化社会によって、スマートフォンやネット環境が普及し、インターネットから自由に情報を得るようになりました。なかには売春や違法な仕事の紹介といった犯罪につながるおそれのあるページも存在し、怪しげな広告も数多く存在します。そうした誘いをすべて取り締まることは現実的に難しく、足を踏み入れてしまう子どもが後を絶ちません。何を居場所とするかは、大人ではなく子どもが決めることです。だからこそ、「どのように情報を届けていくか」よりも「子どもたちが何を考え、求めているか」を把握していくことが「居場所づくり」を実施するうえで重要となります。

子どもたちが「求める」居場所を模索する

名古屋を拠点とするNPO法人全国こども福祉センターは、直接子どもに声をかけ、交流を目的にアウトリーチを実践しています。毎週、路上やサイバー空間に出向きます。単に声をかけるのではなく、わざと着ぐるみをまとったり、身振りなどのアクションをしたりして気を引き、目が合えば話しかけます。「一緒に活動しよう」と誘うこともあります。上から目線で子どもたちに対し、「支援してあげるからおいで」と声をかけても、拒否されることが多く逆効果です。また、メディアや啓発活動の普及によって貧困や虐待という負のイメージが一方的に出回ったりして、支援を受けることが「マイナス」と感じる子どもも少なくありません。まずは支援する側とされる側の垣根をなくし、信頼関係をつくることに時間をかけています。

居場所づくりにおいても、特定の拠点に誘導するというより、複数のコミュニティ（大学でいうとサークルのような形態）を紹介し、子どもたちに選んでもらう形を取っています。

バドミントンやフットサル、バスケットボール等のスポーツや、サロン（交流会）のほか、路上での声かけや募金活動、ボランティアと多様なメニューが存在します。どれにも興味関心を持てることができなくても、声をかけられたり、仲間と出会ったり、他者と交流することでコミュニティ所属へのハードルもグッと低くなります。

各活動で楽しみながらも「遊び」だけではなく「社会貢献」を目的として来てもらうことで、子どもたちが単なる居場所の利用者として参加するのではなく、同世代の子ども支援に関わる立場で参加できることが最大の強みです。

社会的養護の子どもや不登校、中退者を支援する団体はたくさんありますが、常に子どもたちは（支援の）対象者として扱われます。つまり、支えられる側の機会はあっても、支える側として参加する機会が少ないため、目的を持って参加できません。目的を持てるような場でなければ、いくら周囲の人が後押ししても、自分の力で通うことはできないし、そこは居場所とはなりにくいのです。目的を持って活動を続けていれば、自然と団体に所属する福祉専門職や周囲との関わりも増えていくため、子どもたちが利用できる社会資源も広がっていきます。

このように全国こども福祉センターでは、アウトリーチをきっかけに年間2,000名を超える子どもや若者が「居場所づくり」に参加しています。しかし、その半数以上が名古屋市外からの参加者で、各自治体で実施している居場所事業が利用されていない、知らないという実態が明らかになりました。虐待やいじめ、非行などリスクを抱える子どもたちほど、地域という枠組みから外れがちです。行動範囲が広がり、学校や家族、学区といった特定の空間に活動拠点を持たなくなった子どもたちは、地域に密着した施設やサービス、居場所を利用することができているのでしょうか。そして、大人が子どもに必要だと考える居場所と、子どもが求めている居場所は、本当に一致しているのでしょうか。

まずは足を運び、子どもたちの声を聴くことから始めてみませんか。

参考書籍：荒井和樹『子ども・若者が創るアウトリーチ』アイ・エス・エヌ　2019年
参考ホームページ：NPO法人全国こども福祉センター　http://www.kodomoo.net/

1 児童心理治療施設　2 犯罪少年／触法少年／虞犯少年（順不同）　3 児童自立支援施設

Chapter 11 子ども家庭福祉の専門職と連携

●イメージをつかむインプットノート

Section 1 「子ども家庭福祉を担う専門職」のアウトライン

子ども家庭福祉の法制度に基づく機関・施設に配置される専門職のほか、教育、保健・医療、司法等の関連分野の専門職等について学びます（p.175）。

Keyword

- ☑ 行政機関の専門職
- ☑ 児童福祉施設の専門職
- ☑ 児童福祉施設の設備及び運営に関する基準

Section 2 「子ども家庭福祉の専門性、連携」のアウトライン

子どもとその家庭を取り巻く諸問題の解決にあたっての子ども家庭福祉専門職者の役割分担・協働のあり方、専門性について学びます（p.180）。

Keyword

- ☑ 知識
- ☑ 技術
- ☑ 価値
- ☑ 専門性の向上
- ☑ 役割分担・連携

Section 1 子ども家庭福祉を担う専門職

3分 Thinking

• 保育所では、保育士以外にどのような職員が働いているでしょうか。また、その職員の専門性について考えてみましょう。

1　専門職の位置付け

要約 ▶ 子どもやその家庭に関わる専門職は、子ども家庭福祉の法制度に基づく機関・施設に所属して支援を実施しています。

子ども家庭福祉の機関・施設が法制度に基づき運営されているように、そこで働く専門職も子ども家庭福祉の法制度に基づき、社会福祉の専門的知識や技術、倫理を要件に、何らかの資格や職務上の権限を得て働いています。つまり、国家や社会の責任として子どもを守ることが法制度上で謳(うた)われていますが、これを基盤に子どもの最善の利益を守るとともに、子どもを取り巻く問題の解決や、子ども自身が問題を解決するための直接的・間接的な支援をするのが児童家庭福祉の専門職といえます。

しかし、子ども家庭福祉の機関・施設の専門職だけでは子どもを取り巻く問題に十分に対応できないこともあるため、福祉に留まらず、教育、保健・医療、司法などのさまざまな分野の専門職の協力を得ることも必要になります。このような法制度に基づく公的（フォーマル）な人的資源に加え、NPO[*1]やボランティアなどの活動を担う人々も私的（インフォーマル）な人的資源であり、子ども家庭福祉分野を支えているといえます。

＊1　**NPO**
「Non-Profit Organization」の略で、非営利団体のこと。児童家庭福祉分野でいうと、非営利での社会貢献活動や慈善活動を行う市民団体を指します。特定非営利活動促進法（NPO法）に基づき法人格を得た団体（特定非営利活動法人［NPO法人］）を表している場合もあります。

2　行政機関における専門職

要約 ▶ 子ども家庭福祉の最前線基地といえる児童相談所には児童福祉司等が配置され、専門的な相談対応などにあたります。

①児童相談所の専門職

子ども家庭福祉行政の最前線に立つ機関は児童相談所であり、所長をはじめとする、児童福祉司、児童指導員、保育士、保健師、児童心理司などの専門職が配置されます。

児童福祉司は、保護者の相談にのり、子どもの健全な育ちを保障するための調整を行います。被虐待児など支援を必要とする子どもの発見や保護だけでなく、その家族への支援と、必要に応じて学校や病院、家庭裁判所といった、ほかの機関や専門職との連絡調整を行うなどの役割を担い、協働して支援を展開します。

また、児童相談所には一時保護所といって、子どもを保護して一時的に生活する場所が併設されているところもあります。そこでは、児童指導員や保育士、保健師が子どもの身の回りのケアといった生活指導や学習指導、相談に応じたりしています。さらに、子どもや保護者の心理検査や知能検査等による心理診断を行い、保護した子どもの心理的なケアを行う児童心理司が配置されています。

なお、2016（平成28）年の児童福祉法の改正により、虐待発生時の迅速・的確な対応を図る観点から、ほかの児童福祉司の指導・教育を行う教育・訓練・指導担当児童福祉司（スーパーバイザー）の配置や、法律に関する専門的な知識経験を必要とする業務を適切かつ円滑に行うため、弁護士配置[*2]（またはこれに準ずる措置）を行うなどの体制強化が図られました。

また、2019（令和元）年の児童福祉法の改正では、これまで医師または保健師のいずれかの配置でよいとされたものから、医師および保健師がそれぞれ1人以上含まれることとなりました。

＊2
2019（令和元）年の改正により、常時弁護士の助言・指導の下で行われるようになりました。

②福祉事務所の専門職

生活保護に関する業務を担当する現業員（ケースワーカー）、査察指導員など、福祉六法[*3]に関連する業務を行う専門職が配置されます。社会福祉士、精神保健福祉士、保育士、臨床心理士などの資格を有する者が、社会福祉主事、身体障害者福祉司、知的障害者福祉司、母子・父子自立支援員などの専門職として働いています。

また、福祉事務所に任意で設置される家庭児童相談室には、その多くが非常勤ではあるものの家庭相談員が配置されます。保育士、教員、保健師などの有資格者が、保育所などを退職した後に働いているケースが多いです。

＊3 **福祉六法**
生活保護法、児童福祉法、身体障害者福祉法、知的障害者福祉法、老人福祉法、母子及び父子並びに寡婦福祉法の6つの法律を指す総称です。

3 児童福祉施設における専門職

要約 児童福祉施設には配置される専門職のうち、最も多いのは保育士です。保育士などの専門職が子どものケアや諸問題の解決に向けた支援にあたります。

児童福祉施設の専門職は「児童福祉施設の設備及び運営に関する基準」で配置人数等が定められており、厚生労働省「令和２年社会福祉施設等調査」によれば、2020（令和２）年10月１日現在、児童福祉施設で働いている従業者の総数は78万1,216人となっています。

ここでは、主な児童福祉施設の専門職を取り上げます。社会的養護分野において重要な役割を担う里親についてはp.137を参照してください。

①子どもの生活支援等に関わる専門職

○保育士

保育所等に従事する職員は69万188人で児童福祉施設全体の８割強が保育所で働いていることになります。保育所の設置数が福祉施設全体で最も多いことと、保育所以外の児童福祉施設においても保育士が配置されることから、児童家庭福祉分野において最も多い専門職といえます。

従来、保育士は子どもの生活面でのケアを担ってきました。しかし、日常生活から子どもの成長と発達に働きかける役割を担うとともに、保護者や子育て家庭等への支援も一体的に行う必要性から、ほかの専門機関や専門職との連携や協働ができる専門性が必要とされています。

○保育教諭

保育教諭は幼稚園教諭免許状と保育士資格の両資格を有し、「園児の教育及び保育をつかさどる」とされ、幼保連携型認定こども園に配置されます。

○児童指導員

乳児院、児童養護施設、児童心理治療施設、障害児入所施設、児童発達支援センターに配置されます。入所施設は、生活の場としての機能を果たす役割を特に有していますので、起床から就寝までの生活面の指導や個別の相談といった役割と、ほかの専門機関や専門職との調整役を担います。

○母子支援員

母子生活支援施設に配置され、母子の保護と生活支援、母親に対する養育支援、就労支援などを行い、母子の自立を支援する専門職です。要件の一つに「保育士資格を有する者」があげられています。

○児童自立支援専門員、児童生活支援員

いずれも児童自立支援施設に配置される専門職です。

児童自立支援専門員は、生活指導、家庭環境調整、関係機関との連携を通じて子どもの自立を支援し、児童生活支援員は、主に生活場面における指導を通じて子どもの生活支援を行います。なお、児童生活支援員の要件の一つに「保育士資格を有する者」があげられています。

○児童の遊びを指導する者（旧・児童厚生員）

児童遊園、児童館などの児童厚生施設において野外や屋内での遊びの指導を通じて、子どもの健康増進や情緒の安定といった健全育成を図る専門職です。要件の一つに「保育士資格を有する者」があげられています。

②支援の充実に関わる専門職

○心理療法担当職員・心理指導担当職員

被虐待児など、日常生活でのケアだけではなく、子どもが心に負ったダメージの回復（心理的ケア）を専門として、乳児院、母子生活支援施設、児童養護施設、児童心理治療施設、児童自立支援施設、障害児入所施設、児童発達支援センターに配置されます。心理的ケアでは、日常場面とは切り離された場面で行うなどといった個別性のある関わりが重視されます。

○個別対応職員

被虐待経験や問題行動等を有するなど、より個別性の高い支援を必要とする子どもの個々の状況に合わせ、個別面接や生活場面での一対一の対応により心身のケアを図るとともに、保護者への支援等を担う職員として、乳児院、母子生活支援施設、児童養護施設、児童心理治療施設、児童自立支援施設に配置されます。

○家庭支援専門相談員（ファミリーソーシャルワーカー）

子どもが抱える問題の背景には、家庭などの問題が存在していることも少なくありません。乳児院、児童養護施設、児童心理治療施設、児童自立支援施設に配置され、入所した子どものケアと併せ、家庭が抱える問題の解決にも働きかける専門職です。子どもと家庭の調整役として、児童相談所の児童福祉司とも連携を取りながら、子どもの家庭復帰を目指した支援を行います。

○里親支援専門相談員

里親支援を行う乳児院、児童養護施設に配置される専門職です。児童相談所の里親担当職員、里親委託等推進員、里親会等と連携して、①所属施設の入所する子どもの里親委託の推進、②退所する子どものアフターケアとしての里親支援、③所属施設から退所する子ども以外を含めた地域支援としての里親支援を行い、地域の里親とファミリーホームを支援する役割を担います。

③障害のある子どもへの支援に関わる専門職

○理学療法士（PT：Physical Therapist）、**作業療法士**（OT：Occupational Therapist）

身体に障害のある子どもなど、運動機能が低下した状態にある人々に対し、理学療法士は物理療法による機能訓練を行い、作業療法士は、作業を取り入れた運動機能などの回復訓練を行う専門職です。主として肢体不自由児、重症心身障害児を入所させる医療型障害児入所施設、医療型児童発達支援センターに配置されます。これらの施設には、医師、看護師などの医療分野の専門職が配置されるため、リハビリテーションチームの一員として協働して、運動や知的に発達の障害のある子どもの成長を支援します。

○言語聴覚士（ST：Speech-Language-Hearing Therapist）

主として難聴児を通わせる福祉型児童発達支援センターに配置される言語聴覚士は、言葉の発達の遅れ、声や発音の障害など、言葉によるコミュニケーションや摂食・嚥下の問題を抱える子どもに対し、検査・評価を行い、必要に応じて訓練、指導、助言、そのほかの援助を行う専門職です。

④そのほかの専門職等

児童福祉施設には、施設の運営を統括する施設長（園長や管理者を含む）、食事の献立・調理を担う栄養士や調理員、健康面を支える医師や看護師のほか、事務員といった間接的に子どもへの支援に関わる職員が配置されます。

なお、子どもの直接的なケアにあたるわけではありませんが、児童福祉施設である児童家庭支援センターには、運営管理責任者のほか、相談・支援を担当する職員（常勤１名および非常勤１名）、心理療法等を担当する職員（非常勤１名）が配置されます。

4　関連機関における専門職

要約　子育て家庭においては、子どものライフステージや子どもとその家庭を取り巻く問題に応じて、保健所・市町村保健センター、学校、家庭裁判所、警察などの子ども家庭福祉の関連機関と関わります。各機関には専門職が配置されます。

①保健所・市町村保健センター等の保健・医療機関の専門職

市町村保健センターは、主に保健師、管理栄養士が中心ですが、保健所には、医師、歯科医師、薬剤師、獣医師、放射線技師などの専門職も配置されます。乳幼児健診などで市町村保健センターに訪れる機会があるなど、母子保健は子育て家庭にとっても関わりが深い分野でもあることから、保健師を中心とした子育て家庭への関わり、とりわけ、子ども虐待予防の観点からの関わりや連携が、今後、より重要視されています。病院等の医師や看護師は子どもの健康面を支える専門職ですが、保健師と同様に、病気やけがの状況から、子ども虐待などの問題を発見できる立場にあるといえます。

②学校等の教育機関の専門職

子どもの成長と発達に必要不可欠な学校などの教育機関と教員という専門職が果たす役割は大きいといえます。例えば、進学、進級にあたり、子どもが不適応行動を示すことがあるため、子どもの日常生活の問題や被虐待児を発見する身近な存在になります。学校には、担当教諭はもちろんのこと、在学生の心身の健康問題に対応する養護教諭のほか、子どもの家庭環境による問題に福祉的対応をするスクールソーシャルワーカーや子どもの心理相談を行うスクールカウンセラーなどが配置されている場合もあります。

また、子どもの入学、転学、退学に関する業務などを行う教育委員会も子ども家庭福祉分野に関連する機関といえます。

③家庭裁判所、警察等の司法関係機関の専門職

家庭裁判所では、非行や虞犯といった問題に対し、家庭裁判所調査官などが子どもやその家庭と関わり、解決にあたっています。少年鑑別所を経て少年院に入院した非行少年には、法務教官が矯正教育や生活指導等を行い、その子どもの自立と社会復帰を支援しています。

警察は、迷子のほか、子ども虐待や子どもの非行問題などに対し、子どもを保護する観点から児童相談所と連携しながら業務に関わっています。

④そのほかの専門職等

市区町村の区域内には、行政委嘱による福祉の担い手となる民生委員・児童委員がいます。子どもと家庭の生活や取り巻く環境を把握し、福祉に関する情報提供や相談援助を担います。特に子ども家庭福祉分野に関わる者として主任児童委員が委嘱されています。専門職ではありませんが、NPO やボランティアによる活動をはじめ、地域住民による子どもの健全育成や見守り活動などの関わりも子ども家庭福祉分野を支える役割を果たしています。

Section 2 子ども家庭福祉の専門性、連携

3分 Thinking

• 子ども家庭福祉の機関・施設の専門職について、乳児期、幼児期、学童期の子どものライフステージごとにあげてみましょう。

1　子ども家庭福祉専門職の専門性

要約　専門職は役割を果たしながら、その責任を果たすことが求められます。そのため、自らの行動が子どもを主体とした、専門性の高いものであるかが常に問われます。

①子ども家庭福祉専門職に必要とされる専門性

子ども家庭福祉専門職には、主体は誰かを意識すること、つまり子どもが主体であることを理解しておかなければなりません。専門職として子どもらと関わること、それは専門職が主体としてではなく、子どものために専門的な支援を提供することに価値があります。さらに、それらが専門性に裏打ちされたものであることによって専門職としての責任を果たしたことにもなります。そのためには、常に知識を蓄え支援の技術を磨くことが必要でしょう。

つまり、専門職が何を価値とし、どのような責任を持って存在しているのかを常に意識し、子どもやその家庭が抱える問題の解決に向けた可能性を示すことが専門性であるといえます。

②専門性の向上等、対人援助職者として備えておくべきこと

専門職それぞれが自身の専門性を向上させることで、支援の質が向上していきます。そのため、現状に決して満足することなく、支援の結果が良かったからといって自分の力だったと驕(おご)ることなく、さらに知識や技術といった専門性を向上させなければなりません。

子ども家庭福祉専門職を含め、対人援助の専門職は自身の支援によって問題を解決させるのではありません。支援の主体である人に関心を持ち、関わっていくのが専門職です。

子ども家庭福祉専門職は子どもらが困難な状況に置かれているからこそ存在する意義があることを自覚しなければなりません。問題を抱えている主体は誰なのか、ここを常に意識する必要があります。

2　子ども家庭福祉の専門機関・施設、専門職の連携

要約　連携とは、単に情報を共有することとは違います。専門機関や専門職の多様性をふまえ、それぞれが専門性を発揮しながらもチームとして相互に連携することが必要不可欠となります。

①子ども家庭福祉分野における連携した支援

子ども家庭福祉において、専門機関・専門職同士の連携は必要不可欠です。

さまざまな専門性によって支援が展開されることから、それぞれが協働・協力しなければ支援は成立しません。つまり、専門機関・専門職同士が、子どもやその家庭が抱える問題の解決にあたるチームとして機能する必要があります。

また、各専門機関・専門職が高度な専門性を発揮する必要もあります。専門機関や専門職同士のチームのなかで一つでも専門性が低い場合には、必要な役割を果たせないことになります。支援の質を低下させないためにも、専門性の維持・向上は欠かせませんし、それが連携した支援が効果的に機能しているかどうかを大きく左右します。

②連携場面の実際

連携とは、単なる情報共有に基づいた支援の展開ではありません。子どもやその家庭が抱える問題を解決するという共通の目的に対し、それぞれの専門性から支援を行うこと、そして、それぞれの役割の理解とつながりが重要です。単に情報を共有しても勝手に支援を行うのであれば連携とはいえません。そのためには専門機関・専門職が相互に理解し、信頼し合う必要があります。

特に、虐待などの緊急時においては専門機関・専門職それぞれの高度な判断力が問われます。必要な情報が伝わる前に行動を起こさなければならないこともあります。緊急時ほど情報伝達は遅れるため、そうした判断の根拠として、ほかの専門職の役割に配慮することや、信頼して任せるといった相互の関係性が必要となります。

また、保育所や学校、病院などは被虐待児を発見する最前線基地といえます。このとき、ほかの専門機関や専門職に対する理解がなければ、自分で対処したり抱え込んだりすることになります。こうした虐待という複雑な問題に対処するためには、さまざまな専門機関・専門職の力が必要となります。

そのため、問題に直面した段階で必要な専門機関・専門職とただちに連絡を取り、連携の取れた支援を開始しなければ子どもの生命に関わるということも想定しておかなければなりません。

③市町村と都道府県の役割分担・連携の基本的な考え方

2005（平成17）年度から市町村の業務として、児童家庭相談に応じることが児童福祉法上で定められています。これは、住民に身近な市町村の役割を、虐待の未然防止・早期発見を中心とした積極的な施策・事業を実施することとし、都道府県（児童相談所）の役割を、専門的な知識および技術を必要とするケースへの対応や市町村の後方支援に重点化したもので、さらには保

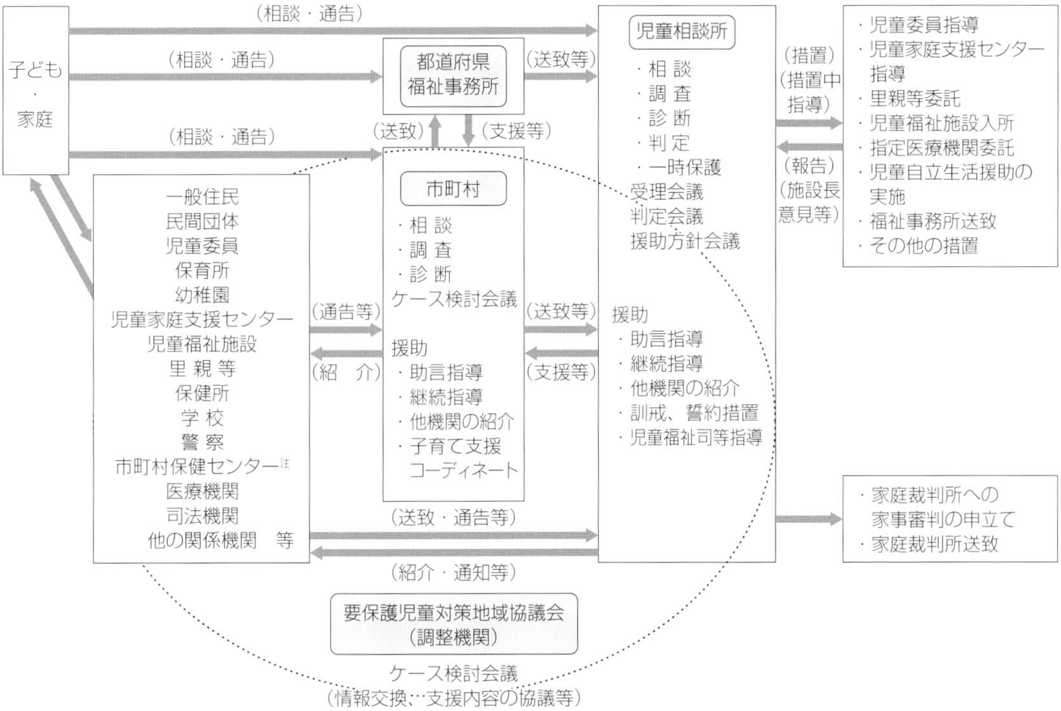

注：市町村保健センターについては、市町村の子ども家庭相談の窓口として、一般住民等からの通告等を受け、支援業務を実施する場合も想定されます。

図 11 － 1　市町村・児童相談所における相談援助活動系統図

出典：厚生労働省「児童相談所運営方針について（子児発 0329 第 14 号）」2023 年

護者に対する指導に家庭裁判所が関与する仕組みを導入するなど、司法関与の強化を行う等の措置が執られることになりました。

このように、児童家庭相談に関わる主体の増加と、その役割の明確化により、全体として地域における児童家庭相談体制の充実が図られています（図 11 － 1：行政機関の概要は p.68 を参照）。

【参考文献】

- 佐藤俊一『対人援助グループからの発見―「与える」から「受けとめる」力の援助へ―』中央法規出版　2001 年
- 野中猛・野中ケアマネジメント研究会『他職種連携の技術（アート）―地域生活支援のための理論と実践―』中央法規出版　2014 年

●学びを振り返るアウトプットノート

年　月　日(　)　第(　)限　　学籍番号..............................　　氏名..............................

✣ このChapterで学んだこと、そのなかで感じたこと（テーマを変更してもOK）

✣ 理解できなかったこと、疑問点（テーマを変更してもOK）

✣ TRYしてみよう ✣

1. 児童相談所に配置される（　　　　　　　　）は、子ども虐待などの専門的な相談対応などの役割を担っています。
2. 児童福祉施設で最も設置数が多いのは（　　　　　　）であり、子ども家庭福祉分野において最も多い専門職は（　　　　　　）である。
3. 子ども家庭福祉分野における問題解決にあたっての（　　　　　）は子どもやその家族らであり、支援を行う者ではない。

コラム⑪ こども食堂

筆者は2016（平成28）年6月より「NPO法人とりで」の事業として、山口県岩国市のある校区にて地域の子どもたちに対し、「食事を一緒につくり、一緒に食べる」といった取り組み、いわゆる「こども食堂」を行っています。参加できる条件は特になく、参加費として子どもや、保護者の方、その他の大人も無料とし、参加することでの経済的な負担を感じないよう配慮しています。また、予約が不要なため飛び込みでの参加を可能とし、申し込みをする心理的負担もかからないようにしています。会場は、地域の公民館を利用しており、子どもだけで参加ができるよう毎週、土曜日の11～14時の時間で開催しています。土曜日にした理由は昼の開催が可能であり、学校給食がないためです。

当初は関係機関と連携して告知を行ったわけではなく、職員が知人に口頭で開催を伝え参加を促し取り組みを始めたため、参加人数が10人に満たないこともありましたが、半年以上経った現在では、子どもだけで参加者が40人を超える日があります。市のこども支援課や地域の小学校教員、スクールソーシャルワーカーなど関係機関と情報交換し、さまざまな家庭に参加を呼びかけたおかげで、地域にいる「気になる子ども」も参加するようになり、こういった子どもや家庭に対する支援の足がかりとなる機会にもなっています。

「誰でも参加が可能で無料」がこども食堂のキャッチフレーズですが、参加している子どもの大半が会場の近くにある市営住宅、県営住宅に住んでいます。経済的に余裕がないこともそうですが、「夜に子どもだけで過ごす家庭」「ひとり親で昼間の食事がない家庭」等、さみしい思いを抱えて生活をしている様子も伺えます。このように、子どもたちの話から情報を得ることで、ニーズを顕在化させる機会にもなっています。

また、自宅で一人で食事をするのではなく、こども食堂に参加して同級生の友だちやボランティアスタッフと一緒に食事し、そのまま会場で「とりで」が用意したボードゲームなどで遊んだり、近隣の公園でボランティアスタッフと遊んだりすることで、空腹を満たすだけでなく「心を豊かにする」目的もあります。さらに、近隣の家庭同士で子どもの送迎を頼んだり、頼まれたりしていることもあり、近隣住民同士の交流の機会にもなっており、こども食堂に子どもや保護者が参加することで、子育て家庭の孤立化の防止にもつながっていると感じています。

今後の課題としては、ニーズ発掘後の支援システムの構築、事業費（現在は助成金や寄付金で運営）やスタッフの確保、別の校区での開催等があげられますが、最も重要なことは「この取り組みを続ける」ことなので、地道にコツコツと続けていきたいと思っています。

1 児童福祉司　2 保育所／保育士　3 主体

索引

せ

そ

た

ち